ORTOGRAFÍA
DE LA LENGUA ESPAÑOLA

Paula Arenas Martín-Abril

Copyright © EDIMAT LIBROS, S. A.
C/ Primavera, 35
Polígono Industrial El Malvar
28500 Arganda del Rey
MADRID-ESPAÑA

Colección: Manuales de la lengua española
Título: Ortografía de la lengua española
Autora: Paula Arenas

ISBN: 84-9764-504-9
Depósito legal: M-16773-2005

Diseño de cubierta: El Ojo del Huracán
Impreso en: COFÁS

AÑA – *PRINTED IN SPAIN*

ÍNDICE

Introducción

Esta ortografía tiene como finalidad poder llegar al mayor número de personas. Desde aquel que no ha podido estudiar la ortografía de nuestra lengua o que no ha podido profundizar en ella, hasta aquel que la conoce y la domina pero que continúa estudiándola, repasándola y consultándola. Se trata pues de que este libro sirva de guía y/o elemento de ayuda para cualquiera que así lo precise o quiera.

Se incluyen bastantes ejercicios al final de cada capítulo y también ejercicios de repaso. Se debe a que gracias a la práctica las normas de la ortografía no sólo se entienden mucho mejor sino que se interiorizan de una forma más amena y divertida que memorizando una larga lista de normas, pautas, incorrecciones a evitar y excepciones. Ésta es también la razón por la que todas las explicaciones van acompañadas de ejemplos. Siempre la ejemplificación permite una mejor comprensión de la teoría, a veces árida y/o aburrida. Precisamente porque no siempre resulta sencillo acometer el estudio de la ortografía se ha intentado que las explicaciones, los ejemplos y los ejercicios sean siempre sencillos. Se ha recurrido por ello a tablas y esquemas pues facilitan la comprensión.

Al término de cada capítulo encontrará el lector un resumen del mismo en el que se expone lo fundamental de lo explicado. Esto no quiere decir que con el esquema sea suficiente, pues los esquemas son solamente válidos para quienes ya tienen cierto dominio de la materia. No obstante, observará el lector que tras el estudio del capítulo el esquema ayuda a fijar los conceptos aprendidos.

Finaliza esta ortografía con un vocabulario ortográfico en el que se ha tratado de incluir todas aquellas palabras que presentan ciertos problemas a la hora de escribirlas. Y los presentan por dos razones: porque no responden a las pautas que da la ortografía, o porque aun respondiendo resultan de dudosa escritura.

En definitiva, esta ortografía está destinada a todos y tiene la intención de ser sencilla, fácil y, sobre todo, amena.

Paula Arenas Martín-Abril

Capítulo I

Las letras

1. Las letras

El abecedario de nuestra lengua está compuesto por las siguientes letras:

a, b, c, ch, d, e, f, g, h, i, j, k, l, m, n, ñ, o, p, q, r, s, t, u, v, w, x, y, z

Cada una de las letras del abecedario debería corresponder a un sonido, pero no siempre es así pues existen desajustes entre algunas letras y los sonidos que representan.

Por ejemplo, en el caso de *b* y *v*, el español, en general, no pronuncia de forma diferente estas dos letras, por lo que no se produce una diferenciación de sonidos. Al no haber en la pronunciación una diferenciación de sonidos se originan problemas referentes a su escritura. Entonces viene la pregunta: ¿se escribirá con *b* o con *v*? Pregunta lógica teniendo en cuenta que ambas letras suenan igual.

En el caso de la *h*, este sonido en español nunca suena, es mudo. De tal manera que existe cierta dificultad a la hora de saber si una palabra ha de escribirse con *h* o sin *h*. Esto sin tener en cuenta que existen palabras cuya pronunciación es igual pero su escritura diferente; es el caso, por ejemplo; de *echo / hecho*.

Con la *c* ante *e, i* y la *z* sucede lo mismo que con los casos hasta ahora expuestos, pues ¿no pronunciamos de la misma manera la *c* de cepo que la *z* de zapato? Por esta razón las dudas aquí también son frecuentes.

La *i* y la *y* (cuando es vocálica, no consonántica como en *yo, yema*...) suenan igual, mas no es igual escribir *y* que *i* (*fui, doy*).

Con la *g* y la *j* los problemas son abundantes y por todos conocidos, pues ¿no decimos igual *gimnasio* que *jilguero*?

La *ll* y la *y* (cuando su sonido es consonántico) provocan en aquellos cuya pronunciación no diferencia ambos sonidos (*yema, llevar*), problemas y dudas.

Debido a estos desajustes debemos detenernos en algunas letras, dar ciertas pautas que nos faciliten su escritura y también corregir errores frecuentes.

2. b, v

Estas dos letras, *b* y *v*, son pronunciadas por casi todos los hispanohablantes de la misma manera; es decir que, salvo excepciones, no hay diferenciación en la dicción de ambas letras.

Así, se pronuncia igual *vaca* que *baca*.

Por esta razón, la *b* y la *v* dan lugar a ciertos errores ortográficos, pues al pronunciarse de la misma manera el hablante puede dudar acerca de si se escribirá con *b* o con *v*. La ortografía se ocupa precisamente de esto y nos da las pautas a seguir, aunque hay algunas palabras que no siguen las normas; mas al final de esta ortografía se incluye un vocabulario ortográfico donde el lector podrá consultar todas las palabras que no obedecen a las normas o pautas ortográficas.

Muchos se preguntan cuál es la razón de la existencia de estas dos letras si en español se pronuncian de la misma forma. La explicación hay que buscarla primero en el latín:

• la *v* proviene del latín.
• la *b* proviene de la *b* latina o de la *p*.

No obstante, es preciso aclarar que algunas palabras provenientes del latín no han respetado la *b* o *v* originaria.

Al principio, el español sí diferenciaba la pronunciación de la *b* y de la *v*, pero pronto esta distinción se perdió y comenzaron a pronunciarse igual ambas letras.

Por razones etimológicas se ha respetado dicha diferenciación pero sólo en la grafía, es decir, en la escritura de las letras, ya que en su dicción ambas son iguales en español (en otras lenguas, como el inglés, la diferenciación de pronunciación es evidente). Aunque, como ya se ha dicho, no todas las palabras han respetado su origen, ya que algunas que en la actualidad tienen *b*, en latín tenían *v*, y viceversa.

Explicadas ya las razones de la existencia en nuestra lengua de las letras *b* y *v* podemos estudiar cuándo debemos usar *b* y cuándo debemos usar *v*, cuestión problemática en algunos casos por todo lo expuesto.

2.1. *La letra b*

Las pautas que pueden ayudar a escribir la letra *b* con corrección son las siguientes:

1. Se escriben con *b* los verbos terminados en *-bir*: *escribir, concebir, percibir, recibir, sucumbir...* y todas las formas de dichos verbos.

   escribo, concibes, percibió, recibido, sucumbirá, escribiríamos...

   Excepciones: *hervir, servir, vivir* y sus compuestos (*sobrevivir, revivir, convivir...*), que se escriben con *v* y no con *b* aunque su terminación sea *-bir*.

2. El pretérito imperfecto de indicativo de los verbos de la 1.ª conjugación, esto es, los verbos terminados en *-ar* se escriben con *b*:

   amaba, amabas, amaba, amábamos, amabais, amaban (amar), cantaba, cantabas, cantaba... (cantar), jugaba, jugabas, jugaba... (jugar), saltaba, saltabas, saltaba... (saltar), mataba, matabas, mataba... (matar), robaba, robabas, robaba... (robar).

   Es decir que las desinencias propias del pretérito imperfecto de indicativo: *-ba, -bas, -ba, -bamos, -bais, -ban* se escriben siempre con *-b-*.

3. El pretérito imperfecto de indicativo del verbo *ir* se escribe con *b*:

   iba, ibas, iba, íbamos, ibais, iban

4. Los verbos *beber, deber, caber, haber, saber* se escriben siempre con *b*, y todas sus formas también se escriben con *b*.

   debo, debes, deberé, cabrá, hubo, sabría, sabré, sabíamos, había, beberán...

5. Se escriben con *b* aquellas palabras en que el sonido *b* preceda a otra consonante.

   amable, admirable, asombro, cable, bramar, bruto, obtuso, abdomen, sable...

   En los ejemplos la *b* precede siempre a otra consonante: en *amable* precede la *b* a *l*, en *asombro* precede a *r*, en *obtuso* precede a *t*...

6. Las palabras que terminan con sonido *b* se escriben con *b*:

   Jacob, club, Job

7. Todas las palabras que contengan a final de sílaba el sonido *b* llevarán la letra *b*.

observar, absolver, subrayar, obtener...

8. Se escriben con *b* las palabras que comienzan con:

bibl-: biblioteca, bibliotecario, bibliografía.

9. Se escriben con *b* las palabras que comienzan por:
bu-: buzo, bulo, buche, búho, bufar, bucle, bufanda, bufón, bujía, buque, burro...
bur-: bursátil, burla, burgués, burbuja...
bus-: buscar, busto, buscón, búsqueda...

10. Se escriben con *b* las palabras acabadas en:
-bundo: nauseabundo, meditabundo, moribundo
-bunda: nauseabunda, meditabunda, abunda, moribunda

11. Se escriben con *b* las palabras acabadas en:
-bilidad: posibilidad, amabilidad, probabilidad, debilidad, visibilidad...
Excepciones: *movilidad, civilidad,* que como puede verse se escriben con *v* aunque la terminación sea *-bilidad.*

12. La *b* ha de aparecer en las palabras que empiecen por *-bio-: biografía, biodiversidad, bioética, biofísica, bioquímica, biotipo,* y en las palabras que contengan tal sílaba: *microbio, aerobio...*

13. Las palabras compuestas cuyo primer elemento es *bien-* o *bene-* se escriben con *b*.

bienaventurado, beneplácito, bienvenido, bienhallado, bienhechor, bienestar, bienintencionado, benevolencia, benévolo, beneficio, benéfico...

14. Los verbos terminados en *-buir* se escriben con *b*.

atribuir, distribuir, retribuir

15. Se escriben con *b* las palabras que comienzan por los siguientes prefijos:
bis- (dos): *bisílabo*

bi- (dos): *bipolar*
biz- (dos): *biznieto*

Es importante distinguir bien estos prefijos y saber que sólo cuando signifiquen dos se escribirán con *b*, ya que, si no, puede haber confusión con la *v* de *viz-* (*vizconde*).

2.2. La letra v

Nos centramos en este apartado en el uso de la letra *v*, dando así ciertas pautas o normas a seguir para el correcto empleo de esta letra, tratando de evitar la confusión con la letra *b*, de igual dicción en español pero no de igual escritura.

1. Se escribe *v* después de:
    ad-: *adversario, adversidad, Adviento, advertir*

2. Se escribe *v* después del prefijo:
    sub-: *subvención, subversivo, subvalorar, subvertir*

3. Se escribe *v* después del prefijo:
    ob-: *obvio, obviamente, obviedad*

4. Se escribe *v* en las palabras que empiezan por:
    eva-: *evasión, evacuar, evaluar, evadir, evangelista, evaporación*
    eve-: *evento, eventual*
    evi-: *evidente, evitar*
    evo-: *evocar, evolucionar*
    Excepción: *ébano* y sus derivados (*ebanista*), pues empieza por *eba-* y no se escribe con la esperada *v* sino con *b*.

5. Se escribe con *v* el presente de indicativo, el imperativo y el presente de subjuntivo del verbo *ir*:

presente indicativo	imperativo	presente de subjuntivo
voy		vaya
vas	ve (tú)	vayas
va	vaya (usted)	vaya
vamos		vayamos
vais	id (vosotros)	vayáis
van	vayan (ustedes)	vayan

6. Se escribe con *v* el pretérito perfecto/indefinido, el pretérito imperfecto y el futuro de subjuntivo de los verbos *estar, andar, tener* y sus compuestos (*retener, sostener...*):

pretérito perfecto simple/indefinido	pret. imperfecto subjuntivo	futuro imperfec. subjuntivo
estuve	estuviera/estuviese	estuviere
anduve	anduviera/anduviese	anduviere
tuve	tuviera/tuviese	tuviere
estuviste	estuvieras/estuvieses	estuvieres
anduviste	anduvieras/anduvieses	anduvieres
tuviste	tuvieras/tuvieses	tuvieres
estuvo	estuviera/estuviese	estuviere
anduvo	anduviera/anduviese	anduviere
tuvo	tuviera/tuviese	tuviere
estuvimos	estuviéramos/estuviésemos	estuviéremos
anduvimos	anduviéramos/anduviésemos	anduviéremos
tuvimos	tuviéramos/tuviésemos	tuviéremos
estuvisteis	estuvierais/estuvieseis	estuviereis
anduvisteis	anduvierais/anduvieseis	anduviereis
tuvisteis	tuvierais/tuvieseis	tuviereis
estuvieran	estuvieran/estuviesen	estuvieren
anduvieran	anduvieran/anduviesen	anduvieren
tuvieran	tuvieran/tuviesen	tuvieren

7. Se escriben con *v* las palabras que empiezan por los siguientes prefijos:

vice- (en vez de, en lugar de): *vicepresidente, viceministro, vice-almirante, vicecanciller*

viz- (en lugar de): *vizconde, vizcondesa*

vi- (en lugar de): *virrey, virreinato*

Recuerde el lector que cuando el prefijo es *biz-* (*biznieto*) y su significado es *dos* entonces se escribe *b* y no *v*.

Se escribirá con *v* cuando el prefijo signifique 'en lugar de'.

8. Se escriben con *v* los adjetivos acabados en:

-ava: *esclava, octava*

-*avo*: *esclavo, octavo*
-*ave*: *suave, grave*
-*eva*: *longeva*
-*evo*: *longevo* (excepción: *mancebo*)
-*eve*: *leve, breve*
-*iva*: *decisiva, permisiva, nociva*
-*ivo*: *decisivo, permisivo, nocivo*

9. Se escriben con *v* las palabras terminadas en:
   -*viro*: *triunviro*
   -*vira*: *Elvira*

10. Se escriben con *v* las palabras terminadas en:
    -*ívoro*: *carnívoro, herbívoro, omnívoro*
    -*ívora*: *carnívora* (excepción: *víbora*)

11. Se escriben con *v* los verbos acabados en:
    -*olver*: *volver, devolver, resolver, absolver, disolver, revolver*

12. Se escriben con *v* los nombres terminados en:
    -*ivo*: *motivo, objetivo*
    Excepción: *estribo*. Acaba en -*ibo* con *b*, cuando se esperaría una *v* por la terminación del nombre.

13. Algunas palabras que contienen -*bs*- seguido de consonante:

    obscuro, obscuridad, obscurecer
    substracción, substraer
    subscribir, subscrito
    substancia, substancial
    substrato

    Pueden escribirse con *b*, como en los ejemplos anteriores, o sin ella:

    oscuro, oscuridad, oscurecer
    suscribir, suscrito
    sustracción, sustraer
    sustancia, sustancial
    sustrato

    Es preferible en la actualidad que se escriban sin la *b*, es decir, como se muestra en estos últimos ejemplos (*oscuro, sustrato, sustancia, suscribir...*).

Esto no implica que todas las palabras que contengan -*bs*-seguido de una consonante puedan prescindir de la *b*, pues esto sólo sucede en las palabras señaladas. Las restantes han de llevar necesariamente la *b*.

2.3. Palabras homófonas con b y con v

Se llaman homófonas las palabras que suenan igual pero se escriben de manera diferente. Es el caso, por ejemplo, de estos dos verbos: *grabar* y *gravar*. Suenan igual, pues la *b* y la *v* no se pronuncian de diferente manera; no obstante, son dos verbos distintos con significados que nada tienen que ver el uno con el otro, como veremos en este mismo apartado.

En el caso de la *b* y la *v*, dado que su pronunciación es la misma, tenemos algunas palabras que ofrecen cierta confusión, pues se pronuncian igual pero no se escriben igual y no significan lo mismo; son pues palabras homófonas. Por este motivo y tratando de evitar posibles errores explicamos a continuación las más usadas y relevantes.

Baca / vaca	Bota / vota
Bacilo / vacilo	Botar / votar
Barón / varón	Bote / vote
Basto / vasto	Cabo / cavo
Bastos / vastos	Grabar / gravar
Baya / vaya	Nobel / novel
Bello / vello	Rebelarse / revelar
Bienes / vienes	Sabia / savia
Bobina / bovina	Tubo / tuvo

2.3.1. Baca / vaca

Baca. Soporte que se pone sobre los coches para transportar objetos, maletas, etc.
   La maleta de Trini irá en la baca de tu coche.
   He comprado una baca tan grande que ahora no puedo ponerla en el coche.
   La bici ponla en la baca del coche, porque en el maletero no cabe.
Vaca. Animal.
   Tengo una vaca y dos cerdos.

Esa vaca está ya muy vieja.
Nunca pensé que se pudiera querer tanto a una vaca.

2.3.2. Bacilo / vacilo

Bacilo. 'Bacteria en forma de bastoncillo o filamento más o menos
largo, recto o encorvado según las especies'.
¿Tú sabes lo que es un bacilo?
Al parecer, el bacilo es un bacteria con forma de bastoncillo.
No debes confundir la palabra 'bacilo' que significa 'bacteria'
con 'vacilo' que es la primera persona del presente de indica-
tivo del verbo 'vacilar'.
Vacilo. Verbo 'vacilar'.
Significados:
Tomar el pelo a alguien.
A mí no me vaciles, porque si te vacilo yo te vas a enterar.
Dudar, titubear.
Vacilo en aceptar el contrato.

2.3.3. Barón / varón

Barón. 'Título'.
¿Sabías que el padre de Federico tenía el título de barón?
¿A ti te gustaría poseer el título de barón?
Si fueras tú el barón en lugar de él seguramente también irías
a fiestas de gente noble.
Varón. 'Hombre'.
En el formulario tuve que rellenar la parte correspondiente al
sexo, y rellené la casilla donde ponía 'varón'.
Sólo tiene hijas, y su máxima ilusión era haber tenido un hijo
varón.
Mi primer hijo varón será quien heredará el libro más antiguo
que hay en esta casa, pues así lo ha hecho siempre mi familia.

2.3.4. Basto / vasto

Basto. 'Ordinario, soez'.
Eres el hombre más basto que he conocido, no dices más que
tacos y palabras soeces.
Siempre fue muy basto, a las mujeres nos llamaba 'hembras',
así que ¡imagínate!

Ser basto no es algo gracioso, así que deja de comportarte de
esa manera tan soez.

Vasto. 'Extenso'.
No vi una sola flor en todo aquel prado tan vasto.
En tan vasto campo podrías cultivar lo que quisieras.
Fue un vasto imperio.

2.3.5. Bastos / vastos

Bastos.
- Palo de la baraja (oros, copas, espadas, bastos).
Tengo tres bastos y cuatro oros y hacen escalera respectiva-
mente así que te he ganado la partida.
Si me hubiera tocado el tres de bastos hubiera hecho escalera
y no me habrías ganado.
- Plural de basto (ordinario, soez).
Déjalos, son todos unos bastos que no saben hacer otra cosa
que decir tacos.
Vastos. Plural de 'vasto' ('extenso').
¡Qué vastos campos posees!
Los vastos territorios que heredó mi padre hace veinte años
serán míos algún día.
Ahora no son nada pero fueron vastos imperios.

2.3.6. Baya / vaya

Baya. 'Tipo de fruto carnoso con semillas rodeadas de pulpa;
p. ej., el tomate y la uva'.
La baya es un fruto.
¿Sabías que el tomate es una baya?
La uva también es una baya.
Vaya. Verbo 'ir'.
Déjalo que vaya él a comprar comida y bebida.
Yo no quiero que vaya ella a la conferencia que se va a dar
esta tarde sobre animales.
Vaya quien vaya yo me comportaré igual.

2.3.7. Bello / vello

Bello. 'Hermoso, bonito'
¡Qué bello es vivir!

Era un hombre tan bello que de joven parecía una mujer.

Ser bello exteriormente no es lo más importante.

Vello. 'Pelo que sale más corto y más suave que el de la cabeza y de la barba, en algunas partes del cuerpo humano'.

Susana nunca se ha depilado los brazos, y claro, los tiene llenos de vello.

Sergio tiene vello en todas partes menos en las plantas de las manos y de los pies.

Se ha depilado el vello que tenía en la cara.

2.3.8. Bienes / vienes

Bienes. 'Posesiones'.

A Marcos le han embargado todos los bienes materiales que había en su casa.

Creo que no es tan importante que hayas perdido algunos de los bienes de tu madre.

Ahora que tengo más bienes de los que nunca soñé me doy cuenta de que lo material nunca da la felicidad.

Vienes. Verbo 'venir'.

¿Cuándo vienes?

Te he dicho mil veces que si vienes a comer a casa tienes que avisarme antes.

Siempre que vienes, tu hermano se alegra mucho.

2.3.9. Bobina / bovina

Bobina. 'Carrete de hilo'.

¿Puedes salir a comprar más hilo? Es que se me ha terminado la bobina de hilo negro.

Tengo tres bobinas de hilo rojo y ninguna de hilo amarillo.

¿Dónde está la bobina de hilo que te presté la semana pasada?

Bovina. 'Referente al toro o a la vaca'.

La chaqueta que le he comprado al niño hoy es de piel bovina.

Este pantalón es sintético pero parece de piel bovina.

Perdió todo su ganado bovino.

2.3.10. Bota / vota

Bota.

    - 'Calzado'.

Te has puesto la bota derecha en el pie izquierdo y la bota izquierda en el pie derecho.

He perdido una bota y no tengo más botas, así que no podré ir a escalar hoy.

¿Dónde está la bota de vino?

- Verbo 'botar' ('dar botes, saltos').

Como des un bote más te castigo, ¿tú crees que una persona normal bota en su casa?

Se bota en la calle o en el campo pero no aquí dentro.

Vota.

- Segunda persona del imperativo, verbo 'votar'.

Vota, Juan. Es un derecho que tienes.

Vota, mujer, que ya pueden votar las mujeres.

Vota, Carlos, si tú quieres; yo esta vez no lo haré.

- Tercera persona del singular, presente de indicativo, verbo 'votar'.

Él ya vota, porque ha cumplido dieciocho años.

Si vota o no vota es problema suyo, no el mío.

Ha dicho que este año no vota.

2.3.11. *Botar / votar*

Botar. 'Dar botes, saltos'.

Cualquiera que se ponga a botar de manera exagerada en el concierto será expulsado.

Si hay que botar para expresar nuestra alegría, pues botamos; por saltar que no quede.

¿Quién te ha dado permiso para botar en mi salón?

Votar. 'Presentar el voto'.

Mañana hay que ir a votar; son las elecciones municipales.

Antiguamente las mujeres no podían votar.

Votar es un derecho que tenemos y nadie puede arrebatárnoslo.

2.3.12. *Bote / vote*

Bote.

- 'Barco'.

Es bastante difícil, pero sé que conseguiremos llegar en este bote hasta la orilla.

¡Súbete al bote ya, este barco se hunde!

- Del verbo 'botar' ('dar botes, saltos').

El hecho de que él/yo bote a todas horas no significa que tú también estés saltando todo el día.
- Nombre:
Como des un solo bote más, te vas de casa.
Vote. Verbo 'votar'.
Que yo vote porque además de ser un derecho quiero hacerlo, no significa que todo el mundo quiera votar en estas elecciones.
Cuando vote este año tú me acompañarás aunque no quieras votar.
Yo no le obligo a que vote al mismo partido que voto yo.

2.3.13. *Cabo / cavo*

Cabo.
- 'Cada uno de los extremos de las cosas'.
Tú agarra ese cabo de la cuerda y yo agarro el otro, ¿de acuerdo?
- 'Lengua de tierra que penetra en el mar'.
¿Crees que llegarás hasta el cabo de Gata?
- 'Militar'.
El mes que viene nombrarán cabo al primo de Belén.
-Locución 'de cabo a rabo'.
Me sé el tema de historia de cabo a rabo.
- 'Atar cabos'
Se dejó varios cabos sin atar.
Cavo. Verbo 'cavar'.
Si cavo o no cavo un agujero para enterrar a mi gato es problema mío, no tuyo.
Cavo un agujero para poder plantar estas semillas.
Cavo en este jardín porque quiero, para eso es mío.

2.3.14. *Grabar / gravar*

Grabar.
- 'Señalar con incisión o abrir y labrar en hueco o en relieve sobre una superficie un letrero, una figura o una representación'.
Tienes que llevar a grabar la medallita que te regalaron.
- 'Captar y almacenar imágenes o sonidos por medio de un disco una cinta magnética u otro procedimiento, de manera que se puedan reproducir'.

Tengo que grabar el disco de Tina Turner esta tarde en una cinta.

- 'Fijar profundamente en el ánimo un concepto, un sentimiento o un recuerdo'.

Espero que hayas sabido grabar en tu corazón este amor que te he dado.

Gravar. 'Cargar, pesar sobre alguien o algo. Imponer un gravamen'.

¿Crees que me va a gravar en la declaración de este año la compra de esta casa?

2.3.15. *Nobel / novel*

Nobel. Premio Nobel.

¿A quién crees tú que le darán este año el Premio Nobel?
Camilo José Cela ganó el Premio Nobel.
¿Te gustaría recibir el Premio Nobel?

Novel. 'Inexperto'.

Es un conductor novel, por eso lleva una L en su coche.
Dentro de los escritores considerados noveles hay alguno que promete.
No tengo experiencia alguna en esto, soy un empresario novel, así que necesito que me ayudes hasta que adquiera suficiente experiencia.

2.3.16. *Rebelar(se) / revelar*

Rebelar. 'Sublevarse, no conformarse'.

Te podrás rebelar cuando hayas llegado al punto más alto de tu carrera, nunca antes.
Se quisieron rebelar, pero el dueño de la empresa lo impidió con nuevas promesas.
Rebelarse es a veces lo único que le queda a uno.

Revelar.

- 'Descubrir'.

¿Cuándo podremos revelar nuestro secreto a mi hermano?
Quiero revelar a Antonio la verdad.

- 'Hacer visible la imagen impresa en una placa o película fotográfica'.

¿Cuándo vas a revelar las fotos que hicimos este verano?
El carrete lo va a revelar Juan en su casa.

2.3.17. *Sabia / savia*

Sabia. 'Persona muy cultivada, que sabe mucho'.
> *Mi madre, a su manera, siempre fue una sabia.*
> *Ser sabia no es solamente saber matemáticas, lengua, litera-tura, física..., es saber además qué cosa es la vida.*
> *Ojalá algún día a mí también me llamen sabia.*

Savia. 'Líquido que recorre las plantas y los árboles'.
> *Si rompes ese tallo, podrás ver un líquido: es la savia de la planta.*
> *¿Es este líquido blanco savia?*
> *¿Es la savia en las plantas como la sangre en las personas?*

2.3.18. *Tubo / tuvo*

Tubo. 'Pieza hueca, de forma por lo común cilíndrica'.
> *El tubo de ensayo hay que tratarlo con cuidado porque es de vidrio y puede romperse.*
> *¿Dónde está mi tubo de pastillas?*
> *Ese tubo ¿es de vidrio o de plástico?*

Tuvo. Verbo 'tener'. Tercera persona del singular, pretérito perfecto simple/indefinido.
> *El que tuvo, retuvo.*
> *Y pensar que lo tuvo todo...*
> *Hubo un tiempo en que tuvo mujer, hijos, riqueza, fama y dinero, pero lo perdió todo.*

3. W

Esta letra, incorporada a nuestro abecedario con la denomina-ción de *v doble*, proviene de palabras extranjeras, procedentes del alemán y del inglés.

La *w* coincide en algunos casos con la *b, v* en cuanto a su dic-ción. Pero no siempre, pues puede representar también el sonido *u*. Depende de su procedencia.

Wagner: la dicción aquí es similar al sonido de la *b*. Palabra procedente del alemán.
Wall Street, Washington, whisky: el sonido en este caso es como el de la *u*. Palabra procedente del inglés.

Como se puede ver, las palabras de los ejemplos son extranjeras.

Si son palabras alemanas, la *w* deberá pronunciarse como *b*: *Wagner, wagneriano, wolframio.*

Si son palabras inglesas, la *w* se pronunciará como *u*: *Washington, waterpolo, web, windsurf.*

En las palabras que hemos adoptado de otras lenguas pero que, sin embargo, se han adaptado al español totalmente la letra *w* ha sido sustituida por la letra *v*.

vals, vatio, vagón, váter...

En algún caso también se ha sustituido la *w* por la *b*.

La palabra inglesa *whisky* ha sido admitida por la RAE con la escritura *güiski*, lo que no supone que deba escribirse siempre así, también *whisky* es correcto. Y no es ésta la única palabra que puede escribirse con *w* y con *v*; la siguiente que presentamos también puede escribirse con *v* y con *w*:

volframio, wolframio

4. C, K, Q, Z

Las letras *c, k, q* y *z* representan dos sonidos:

a) Sonido *z*

No se escriben igual pero suenan igual palabras que se escriben sin embargo con letras diferentes: *bazar, cepillo, zapato...* La *z* de bazar suena igual que la *c* de cepillo, luego se puede afirmar que la *c* ante *e, i* y la *z* representan al sonido *z*.

Se escribe *c* y suena *z* cuando preceda a las vocales *e, i*.

cepillo, cimiento, cero, ciruela...

Excepciones: *enzima, nazi, nazismo, zéjel, zigzag, zipizape, zis zas...* En estas palabras no es c lo que precede a *e* en *zéjel*, ni *c* lo que precede a *i* en *nazi, enzima...*, sino *z*.

Se escribe *z* cuando este sonido preceda a las vocales *a, o, u*.

zapato, zote, zurra...

También cuando este sonido aparezca a final de palabra se escribirá *z*.

pez, diez, lombriz, faz, paz, mordaz, audaz, voraz, sagaz, rapaz, luz, vejez

Existe alternancia, es decir que pueden escribirse con *c, z,* en las siguientes palabras:
ácimo / ázimo
cinc / zinc
cebra / zebra
cenit / zenit (es preferible usar *cenit*)

b) Sonido *k*
No se escriben igual pero suenan igual palabras como, por ejemplo: *codo, quemar, cama, cosa, quimera, quiste...* En realidad el sonido que representa la *c* de *codo* o *cama* es el mismo sonido representado por la *qu* de *quemar* o *quimera,* sin embargo no se escriben igual.
Se escribe *c* cuando precede a las vocales *a, o, u.*

casa, codo, cuerpo, camión, corbata, cuero, calabaza, cotorra, cubierto, caja

Y también a final de palabra cuando el sonido sea *k* se escribirá *c.*

Excepciones: *anorak, yak*

Se escribe *qu* cuando precede a las vocales *e, i.*

queso, quiso, quemaré, quiste, queja, química, que, quien, quepan, quiebra

La letra *k* aparece en unas cuantas palabras de origen extranjero, algunas de las cuales pueden además escribirse con *qu:*
kárstico(a) ('dicho de una formación caliza: Producida por la acción erosiva o disolvente del agua') / *cárstico(a)*
kilo / quilo
kiosko / quiosco
kiwi (kivi) / quivi
En el caso de *kárate / karate* esta palabra sólo puede escribirse con *k,* aunque presenta una doble acentuación: con tilde (*kárate*) o sin ella (*karate*).
Existen otras palabras que sólo pueden escribirse con *k.* A continuación se muestran las más usadas, pero al final de esta ortografía en el vocabulario ortográfico aparecen todas.

kafkiano ('perteneciente o relativo a Frank Kafka o a su obra')
kamikaze
kantiano ('perteneciente o relativo a Kant o a su obra')
kantismo ('sistema filosófico creado por Kant')
karaoke
karateca
karma
kayac ('embarcación')
kebab
kéfir
kelvin ('unidad de temperatura del Sistema Internacional')
keniata
krausismo
kuwaití

4.1. La letra c

Acabamos de ver que la letra *c* representa dos sonidos:

a) Sonido *k*: *calamar, cama, coche, codo, cubo, casa, cosa, cuerno, cuerpo, carbón, cojo, caso, copa...*

b) Sonido *z*: *cero, cinto, cepo, cinturón, celebrar, cimiento, celadora, cita, cesta, césped, círculo, cigüeña, cifra...*

4.2. La letra k

Con *k* se escriben palabras provenientes de otras lenguas: *kiwi, káiser, kurdo, kafkiano, krausismo...*

Pero, como ya hemos señalado, pueden algunas de ellas escribirse con *qu, c* según convenga: *quivi, curdo, quilo...*

4.3. La letra q

Esta letra siempre va con la vocal *u*, siendo su grafía en todos los casos *qu*: *queso, quise, aquí, quemo, quepo...*

La *q* precede a las vocales *e, i*: *querer, quemar, quedar, quebrar, quiebra, queja, quiste, quimera, querencia*

La *u* que sigue a la *q* no se pronuncia, salvo en los siguientes casos: *quórum, quark, quáter*.

4.4. *La letra z*

Precede esta letra a las vocales *a, o, u: zapato, zarzamora, zote, zoco, zueco, zumo, hizo, razón, trazo, caza, bazar...*

Aparece también a final de palabra: *pez, paz, raíz, barniz, faz, mordaz, juez, audaz, lombriz...*

El plural de estas palabras acabadas en *z* se hace añadiendo *-ces*:

pez / peces	*juez / jueces*
paz / paces	*audaz / audaces*
raíz / raíces	*rapaz / rapaces*
barniz / barnices	*lombriz / lombrices*
mordaz / mordaces	

Excepciones de uso de la letra *z: zéjel, zinc.* Como puede verse, no precede aquí a las vocales *a, o, u* sino a *e, i.*

5. G, J

Estas dos letras, la *g* y la *j*, causan dudas porque en determinados casos el sonido que representan es el mismo. Ejemplo: *gimnasio / jirafa, gelatina / jefe...* Esto viene originado porque la letra *g* representa dos sonidos:

a) Sonido *g*:

gato, gueto, guiso, gusto, gorgorito, gargantilla, garganta...

b) Sonido *j*:

gente, gimnasio, gimió, gelatina, general, gesto, gestionar, ginecología...

La *j* representa siempre el mismo sonido:

jabalí, jerga, jilguero, joven, judío, jirafa, jofaina, jabón, juez, jamás, jaqueca...

5.1. *La letra g*

La letra *g* equivale al sonido suave de *g* cuando preceda a las vocales *a, o, u.*

gamba, gato, gota, alguno, algo, garabato, gol, gorgorito, gasa, goma, gama...

La letra *g* irá seguida de *u* formando *gue, gui* cuando preceda a las vocales *e, i* y represente al sonido suave de *g* (*gato*).

gueto, freguemos, guiso, proseguir, guitarra, aguerrido, guisante, guerra...

Llevará diéresis esta *u* cuando se deba pronunciar, ya que de no aparecer la diéresis la *u* no suena.

antigüedad, lingüística, averigüéis...

Representará la *g* al sonido *j* cuando preceda a las vocales *e, i* (sin la *u* que la hacía suave: *gueto, guiso...*). En las siguientes palabras la *g* representa al sonido *j*:

gente, gimnasio, gimió, gelatina, gemido, gesto, gestionar...

Dada la dificultad que ofrece el sonido *j*, pues provoca con frecuencia ciertas dudas acerca de si se escribirá *g* o *j*, damos a continuación ciertas normas que facilitan su escritura:

1. Se escriben siempre con *g* las palabras que empiezan por:

   gest-: gesta, gesticular, gesto, gestoría, gestar, gestación...

2. Se escriben con *g* las palabras terminadas en:
   -gélico: angélico
   -genario: octogenario, sexagenario
   -géneo: homogéneo, heterogéneo
   -génico: fotogénico, transgénico
   -genio: ingenio
   -génito: congénito, primogénito
   -gesimal: sexagesimal
   -gésimo: quincuagésimo
   -gético: energético, apologético

3. Se escriben con *g* las palabras que empiezan por:
   geo-: geografía, geólogo, geología, geometría...

4. Las palabras con las siguientes terminaciones y sus derivados se escriben con *g*:

*-logía: geología (geólogo, geológico), ginecología (ginecó-
logo/a)...*
-gogía: pedagogía (pedagogo/a)...

5. Se escriben con *g* los verbos terminados en
   -igerar: aligerar
   -ger: proteger
   -gir: fingir
   Se escriben con *g* todas las formas de los verbos acabados en los
   elementos ya señalados, salvo las formas que contienen los sonidos
   ja, jo, que se escriben con *j: protejo, proteja, protejas, protejamos,
   protejáis, protejan, finjo, finja, finjas, finjamos, finjáis, finjan...*

6. Las palabras que acaban en las siguientes terminaciones se escriben con *g*:
   -algia: neuralgia
   -ígena: indígena
   -ígeno: oxígeno
   -ígera: belígera
   -ígero: belígero
   -gen: gen, margen
   -gencia: regencia... (excepción: *majencia*)
   -gente: vigente, exigente...
   -ginal: original
   -gismo: neologismo (excepciones: *salvajismo, espejismo.* Que
   se escriban con *j* en vez de *g* se debe a que derivan de adjetivos con *j: salvaje, espejo*)
   -gia: magia, demagogia, regia... (excepciones: las palabras
   terminadas en *-plejia / -plejía: apoplejía, paraplejia...*)
   -gio: regio
   -gional: regional
   -gionario: legionario
   -gírico: panegírico
   -gioso: prodigioso

5.2. *Letra j*

La letra *j* siempre equivale al sonido *j,* y puede ir ante cualquier
vocal.

jamón, jefe, jirafa, jocoso, juglar, jofaina, jeroglífico, jabón...

Como es una letra que representa el mismo sonido que la *g* de *geología*, *gimnasio*, es necesario dar algunas normas respecto a su uso.

• Se escriben con *j*:

1. Todas las palabras que derivan de otras que se escriben con *j*:
   caja, cajera, cajero
   ojo, ojito, ojazo
   espejo, espejismo
   salvaje, salvajismo, salvajada

2. Las palabras terminadas en:
   -aje: *doblaje, coraje, bagaje, patinaje…*
   -eje: *hereje*

3. Las palabras terminadas en:
   -jería: *cerrajería, conserjería, extranjería…*

4. Los verbos terminados en *-jar* y sus inflexiones:

   trabajar (trabajo, trabajas, trabaja, trabajamos, trabajáis, trabajan…)
   arrojar (arrojo, arrojas, arroja, arrojamos, arrojáis, arrojan…)
   sajar (sajo, sajas, saja, sajamos, sajaba, sajaré, sajaría, sajasen…)

5. Los verbos que terminan en *-jer* y sus inflexiones:

   tejer (tejo, tejes, teje, tejemos, tejéis, tejen, tejerá, tejía, tejerían…)

6. Los verbos terminados en *-jir* y sus inflexiones:

   crujir (cruje, crujid, crujen, crujía, crujirán…)

7. Los verbos terminados en *-jear* y sus inflexiones:

   homenajear (homenajeo, homenajeas, homenajea, homenajeáis, homenajean…)
   hojear (hojeo, hojeas, hojea, hojeamos, hojeáis, hojean…)

8. El pretérito perfecto simple y el pretérito imperfecto y futuro de subjuntivo de los verbos *traer, decir* y sus derivados *contraer, contradecir…*

pretérito perfecto simple/indefinido	pretérito imperfecto de subjuntivo	futuro imperfecto de subjuntivo
traje	trajera/trajese	trajere
dije	dijera/dijese	dijere
trajiste	trajeras/trajeses	trajeres
dijiste	dijeras/dijeses	dijeres
trajo	trajera/trajese	trajere
dijo	dijera/dijese	dijere
trajimos	trajéramos/trajésemos	trajéremos
dijimos	dijéramos/dijésemos	dijéremos
trajisteis	trajerais/trajeseis	trajereis
dijisteis	dijerais/dijeseis	dijereis
trajeron	trajeran/trajesen	trajeren
dijeron	dijeran/dijesen	dijeren

5.3. *Palabras homófonas con g y con j*

Agito / ajito
Vegete / vejete

5.3.1. *AGITO / AJITO*

Agito. Primera persona del singular, presente de indicativo, verbo 'agitar'.

Yo agito el biberón.

Si agito mucho la botella de agua con gas, el líquido saldrá disparado, ¿no?

Lo agito para que se mezclen bien los líquidos.

Ajito. Diminutivo de 'ajo'.

Cueces el ajito, lo rehogas y lo reservas en un plato tapado con otro plato.

El ajito le da muy buen sabor a la ensalada.

Pon un poco de ajito a la salsa de ese plato y ya verás qué rico sale.

5.3.2. *VEGETE / VEJETE*

Vegete. Verbo 'vegetar'. Tiene tres significados:
1. 'Dicho de una planta: Germinar, nutrirse, crecer y aumentarse'.
2. 'Dicho de una persona: Vivir maquinalmente con vida meramente orgánica, comparable a la de las plantas'.
3. 'Disfrutar voluntariamente vida tranquila, exenta de trabajo y cuidados'.

Han dicho que, aunque tu padre vegete ahora, quizá en el futuro pueda volver a vivir normalmente.
Si así lo ha decidido, que vegete y disfrute de una vida más tranquila.

Vejete. De 'viejo'.
Es un vejete muy simpático.
Me gusta ese vejete, tiene vitalidad y ganas de vivir la vida.
Mi abuelo es un vejete muy divertido.

6. H

La letra *h* no representa en español ningún sonido, sólo se pronuncia en palabras extranjeras.

Hitler, Hegel...

El hecho de que la *h* no se pronuncie en español da lugar a ciertas confusiones a la hora de saber si una palabra debe escribirse con *h* o sin ella.

Por ello damos a continuación ciertas normas.

• Se escriben con *h*:

1. Las palabras derivadas y compuestas de otras que tengan *h: gentilhombre, bienhallado, hombrecito, hierbabuena...* Mas hay excepciones, pues, por ejemplo, la palabras *óseo, ososo* provienen de la palabra *hueso* (con *h*) y sin embargo no tienen *h*.

2. Las palabras que comiencen con los diptongos:
    ia: *hiato*
    ie: *hiena, hielo, hiela, hiedra, hiel, hierático, hierba, hierro*
    ue: *huelo, huerto, hueso, huelga, huevo*
    ui: *huida, huido*

3. Los verbos *haber, hallar, hacer, hablar, habitar* y todas sus formas verbales, es decir, todos los tiempos y modos:
Haber: *hay, había, habría, habrá...*
Hallar: *hallamos, hallo, hallarán, hallaron, hallaría...*
Hacer: *haré, haría, haremos, harán, harías...*
Hablar: *hablaríais, hanlaré, habla, hablemos, hablad, hablo...*
Habitar: *habito, habitado, habitabas, habitará, habitaron...*
También los compuestos formados con estos verbos llevarán *h*:
Deshacer (*deshago, deshaces, deshace...*)
Deshabitar (*deshabitaron, deshabitarán, dehabita...*)
Rehacer (*rehago, rehaces, rehace...*), etc.

4. Se escribe *h* intercalada en las palabras que contengan el diptongo *ue* precedido de vocal: *cacahuete, alcahueta*.

5. Se escriben con *h* las palabras que empiezan por:
hagio- (significa 'santo'): *hagiografía, hagiónimo*
hecto- (significa 'cien'): *hectogramo, hectolitro, hectómetro*
helio-: *heliocéntrico, heliofísica, heliómetro, heliomotor, heliograbado, helió grafo*
hema-: *hemacrimo, hemangioma*
hemato- (significa 'sangre'): *hematoma, hematocrito, hematófago, hematología*
hemo- (significa 'sangre'): *hemorragia, hemodiálisis, hemofilia, hemoglobina, hemograma, hemopatía*
hemi- (significa 'medio'): *hemiciclo, hemisferio, hemistiquio*
hepta- (siete): *heptagonal, heptámetro, heptasílabo, heptaedro, heptarquía*
hetero- (significa 'diferente'): *heterosexual, heterociclo, heterogeneidad*
hidra-: *hidracida, hidragogía*
hidro- (significa 'agua'): *hidroavión, hidrobiología, hidrocarburo, hidroeléctrico*
hiper- (significa 'superioridad'): *hipermercado, hiperactividad, hiperclorhidria*
hipo- (significa 'inferioridad'): *hipotenso, hipoalergénico, hipocalcemia, hipocentro*
holo-: *holocausto, holografía, holograma*
homo- (significa 'igual'): *homófono, homogéneo, homógrafo*
histo-: *historia, historiador, histología*
horm-: *horma, hormiga, hormigón*

herm-: hermético, hermoso, hermenéutica
holg-: holgado, holgazán
hosp-: hospital, hospedaje, hospedería
hum-: humo, humidificador.

6.1. La h y el lugar que ocupa en la palabra

La *h* puede aparecer en la palabra en tres lugares diferentes:

a) La *h* puede aparecer a principio de palabra.

hombre, hambre, harto, hastío, humo, humor, helado, hematoma, helicóptero...

b) Puede también la *h* estar dentro de una palabra.

gentilhombre, cacahuete, vaho, deshacer, deshelar, bienhallado, aprehender...

c) Y puede aparecer la *h* a final de palabra, mas estos casos son pocos y se trata de interjecciones.

¡bah!, ¡uh!, ¡ah!, ¡eh!, ¡oh!

6.2. Palabras homófonas con h y sin h

Llamamos así, como ya se explicó en el apartado de la *b / v*, a las palabras que se pronuncian igual pero que no se escriben igual. Es el caso, por ejemplo, de *echo* y *hecho*, que se escriben de la misma manera pero que son palabras distintas y no significan lo mismo. *Echo* es del verbo *echar* y *hecho* del verbo *hacer*, luego no tienen nada que ver semánticamente la una con la otra. Sin embargo, al sonar igual por ser su pronunciación idéntica (recordemos que la *h* es muda en español), se originan ciertas dudas al respecto. Ésta es la razón por la que nos centramos en este apartado en la citada cuestión. Veremos en sucesivos apartados que esto no sólo sucede con la *h*, así como ya se vio que con la *v* y la *b* también sucedía en algunas palabras.

Vamos a ocuparnos por ello de algunas palabras de igual pronunciación pero distinto significado, cuya diferencia gráfica reside en que se escriban con *h* o sin ella.

Echo / hecho	Hizo / izo
Echa / hecha	Hasta / asta
A / ha	Hojear / ojear
Hablando / ablando	Honda / onda
Hojear / ojear	Hora / ora
¡Hala! / ala	Hola / ola
Herrar / errar	Horca / orca
Aya / haya	Hoya / olla
Habría / abría	Deshecho / desecho

6.2.1. *ECHO / HECHO*

Echo. Verbo 'echar'.
> *Si quieres echo más sal a la sopa de fideos.*
> *¿Crees que si echo más carne saldrá mal el guiso?*
> *Siempre echo un poco de perejil a la ensalada, porque le da muy buen sabor.*

Hecho. Participio del verbo 'hacer'.
> *He hecho todo cuanto he podido por ellas.*
> *A lo hecho, pecho.*
> *Sé que siempre has hecho lo que has querido.*

6.2.2. *ECHA / HECHA*

Echa. Del verbo 'echar'.
> *Echa más agua, que se ha consumido ya.*
> *Echa a esos niños fuera de clase, se están portando muy mal.*
> *Echa de tu vida a ese hombre, de lo contrario te traerá serios problemas.*

Hecha. Del verbo 'hacer'.
> *Estás hecha una pena, lo sabes, ¿no?*
> *Todo va mal, y ella está hecha una furia con él, porque cree que es el culpable de todos sus males.*
> *Estoy hecha un asco por tu culpa.*

6.2.3. *A / HA*

A. Preposición.
> *Fui de Madrid a París en avión.*
> *¿Cuántos kilómetros hay de aquí a Guadalajara?*
> *Dice que todo lo ha conseguido gracias a mí.*

Ha. Verbo 'haber'.

> *Ha de tener mucho cuidado con su nuevo jefe, no es muy buena persona.*
>
> *¿Ha hecho todo lo que tenía que hacer?*
>
> *Dice que ha venido caminando desde Jerusalén, ¡qué barbaridad!*

6.2.4. HABLANDO / ABLANDO

Hablando. Gerundio del verbo 'hablar'.

> *Hablando se entiende la gente.*
>
> *La prima de Marta siempre está hablando de lo mismo, y a mí ya me aburre.*
>
> *Estoy hablando yo, así que no me interrumpas, por favor.*

Ablando. Gerundio del verbo 'ablandar'.

> *Yo solo no ablando este trozo de cera, tendrás que ayudarme tú.*
>
> *¿Ablando yo esa pasta tan dura?*
>
> *Si quieres lo intento yo, a lo mejor tengo suerte y lo ablando.*

6.2.5. ¡HALA! / ALA

¡Hala! Interjección.

> *¡Hala!, ya has vuelto a pisarme otra vez.*
>
> *¡Hala, otro empujón!*
>
> *¡Hala!, se te cayó el jarrón de mamá.*

Ala. De un pájaro, insecto, avión...

> *El pobre pájaro se ha lastimado el ala al caerse.*
>
> *Este pájaro no podrá volar más, su ala izquierda ya no le sirve, porque se la hirieron unos cazadores.*
>
> *Tu disparo ha dañado el ala de ese inofensivo pajarito.*

6.2.6. APRENDER / APREHENDER

Aprender. 'Instruirse'.

> *Tengo que aprender inglés pronto si quiero conseguir ese trabajo tan bueno.*
>
> *Aprender es algo maravilloso, algo que no deberíamos dejar de hacer nunca.*
>
> *Me gusta aprender, saber cuando acaba el día que he aprendido algo más.*

Aprehender. 'Asir, prender a alguien o bien algo, especialmente si es de contrabando'.

Fueron aprehendidos dos kilos de cocaína.

Los contrabandistas de armas han sido aprehendidos en la frontera.

Serán aprehendidos antes o después porque son criminales peligrosos.

6.2.7. ARÉ / HARÉ

Aré. Del verbo 'arar'.

Aré la tierra de mi huerta tanto tiempo como me fue posible hacerlo.

Aré siempre mis tierras, porque no he conocido otra forma de ganarme la vida que ésa.

Aprendí a arar con mi padre, y aré la tierra con él desde muy joven.

Haré. Verbo 'hacer'.

Haré lo que pueda, pero no te prometo nada.

Haré cuanto me pidas si eso te sirve de algo.

Haré lo que me dé la gana, para eso soy una persona libre.

6.2.8. ARTE / HARTE

Arte.

- 'Virtud, disposición y habilidad para hacer algo'.

  ¡Qué arte tienes, chiquilla, para bailar!

- 'Manifestación de la actividad humana mediante la cual se expresa una visión personal y desinteresada que interpreta lo real o imaginado con recursos plásticos, lingüísticos o sonoros'.

  Estuvimos en una exposición de arte.

- 'Maña, astucia'.

  Conmigo tus malas artes no van a servir de mucho.

Harte. Verbo 'hartar'.

Estás haciendo que me harte con tanta palabrería.

Cuando yo me harte de comer como lo haces tú, entonces tendrás derecho a hacerme ese reproche.

Ha conseguido que me harte de estudiar.

6.2.9. AS / HAS

As.

- 'Carta de la baraja (uno)'.

  Si no llega a ser por ese as de copas, seguro que gano esta partida.

41

- 'Campeón'.
Es un as en la natación.
Has. Del verbo 'hacer'.
¿Has hecho ya tus deberes?
¿Has comprado todo lo que te mandó el hermano de Juan para la fiesta de hoy?
¿Has visto a alguien esta mañana?

6.2.10. ¡AY! / HAY

¡Ay! Interjección.
¡Ay, qué daño me has hecho!
¡Ay, lo olvidé!
¡Ay, ten más cuidado!
Hay. Del verbo 'haber'.
¿Sabes si hoy hay clase?
¿Hay más tomate en el frigorífico o ya no queda nada?
Quizá José sepa mejor que yo si hoy hay alguna exposición interesante o alguna conferencia.

6.2.11. E / HE

E. Conjunción.
Juan e Inés se fueron juntos ayer al campo.
Beatriz e Ignacio no saben aún que tú llegarás mañana.
Lo que has hecho es indecente, indecoroso e indigno.
He. Verbo 'haber'.
He querido que estuvieras aquí para que lo presenciaras con tus propios ojos.
He hecho todo lo que he podido por ayudarte, así que no me culpes ahora de tu fracaso.
He venido desde muy lejos para verte.

6.2.12. OJEAR / HOJEAR

Ojear. 'Mirar a alguna parte. || Lanzar ojeadas a algo. || Mirar superficialmente un texto'.
Ojeé la revista, pero no pude leerla.
Ya he ojeado la novela de Paco, y así, a primera vista, no me ha parecido mal.
¿Ojearás mi libro?

Hojear. 'Mover o pasar ligeramente las hojas de un libro o de un cuaderno'.

Hojea el libro con más cuidado, ¿no?

Si sigues hojeando así mi libro, te lo quito.

Te voy a enseñar yo cómo hay que hojear un libro.

6.2.13. *AYA / HAYA*

Aya. 'Persona encargada en las casas principales de custodiar niños o jóvenes y de cuidar de su crianza y educación'.

El aya cuidará bien de Carlitos.

Guarda bien el collar de monedas, porque perteneció al aya de tu abuelo.

Antes era típico que el aya llevara un collar y unos pendientes de monedas de plata.

Haya. Forma verbal de haber.

Que levante la mano el que haya sido.

Haya lo que haya en tu casa, no me asustaré.

Quien haya hecho ese garabato en la pared será castigado.

6.2.14. *HABRÍA / ABRÍA*

Habría. Verbo haber.

Habría que hacer algo con esta mesa.

Habría hecho lo que hubieras querido, si no hubieras actuado de esa manera.

¿Tú crees que él habría venido si se lo llego a decir?

Abría. Verbo abrir.

Mientras abría la puerta, pensaba en lo que se encontraría dentro.

Te dije que si él abría la puerta rompería la cerradura.

¿Te contó cómo abría las latas de pequeño?

6.2.15. *HIZO / IZO*

Hizo. Verbo hacer.

Lo hizo Antón, y tú sabes que fue él quien lo hizo, así que no lo niegues, ¿de acuerdo?

¿Quién te hizo eso?

Si fue él quien lo hizo, que pague por ello.

Izo. Verbo izar.

Izo la bandera todas las mañanas.

Izo la bandera desde el mes de mayo porque cada mes un compañero ha de izarla.

6.2.16. HASTA / ASTA

Hasta. Preposición.

Estaré aquí hasta que tenga que irme.

Llegué hasta Siria.

No sé hasta dónde son capaces de llegar algunas personas por conseguir dinero.

Asta. 'Cuerno'.

Aquel toro tenía unas astas demasiado pequeñas, no te hubiera hecho nada.

¿Las vacas tienen astas?

Con esa asta no hará daño a nadie, ¿no ves que sólo tiene una?

6.2.17. HONDA / ONDA

Honda. Adjetivo: 'Profunda'.

Ésta es la pena más honda que yo he tenido en mi vida.

La herida que me has hecho es la más honda de todas las que me han ido haciendo a lo largo de mi existencia.

Es una tristeza honda, que se me agarra a la garganta y al corazón, y no me deja vivir.

Onda. Ondulación.

Es un traje muy original: el estampado simula una gran onda y, como es azul, parece que fuera una inmensa ola de mar.

Una ola es una onda que hace el mar.

Tienes una onda en tu pelo. ¿Es así el peinado?

6.2.18. HORA / ORA

Hora. Tiempo.

Yo sé perfectamente que tú nunca has tardado en llegar a casa más de una hora.

Ese señor te está preguntando la hora, ¿no te das cuenta?

No sé qué hora es.

Ora.
- Del verbo orar.
Ella ora por todos nosotros.
- Conjunción.
Ora vienes, ora te vas, no hay quien te entienda.

6.2.19. HOLA / OLA

Hola. Saludo.
Hola, Amalia, ¿cómo te encuentras esta mañana?
Me dijo 'hola' y ser marchó sin preguntar nada más.
Siempre saluda con un 'hola' seco y cortante que me impide ser cordial con ella.
Ola. Onda en el mar.
¿Has visto esa ola? Era inmensa. Si llegamos a estar en el agua seguro que nos da un buen revolcón.
La ola que acabo de ver en la playa era bien grande.
Esa ola casi me arrastra hasta la orilla.

6.2.20. HORCA / ORCA

Horca. 'Conjunto de uno o dos palos verticales sujetos al suelo y otro horizontal del cual se cuelga por el cuello, para dar muerte a los condenados a esta pena'.
Un antepasado de Carla fue condenado a la horca.
Dicen que morir en la horca es terrible.
Si me condenan a la horca me suicido yo antes.
Orca. 'Cetáceo que llega a unos diez metros de largo, con cabeza redondeada, cuerpo robusto, boca rasgada, con 20 o 25 dientes rectos en cada mandíbula, con aletas pectorales muy largas, alta, grande y triangular la dorsal, y cola de más de un metro de anchura'.
La orca es un animal peligroso.
Las ballenas temen a las orcas.
Las orcas persiguen a las ballenas y a las focas.

6.2.21. HOYA / OLLA

Hoya. 'Concavidad u hondura grande formada en la tierra. || Hoyo para enterrar a un cadáver'.

Cuando el cuerpo de Joaquín cayó en la hoya no pude aguantar y grité, porque su muerte era para mí algo inconcebible. Le obligué a sacar el ataúd de la hoya donde había sido introducido.

Olla. Vasija para guisar.

Juana me ha comprado una olla buenísima, porque en casa quien cocina soy yo.

La olla está vieja, por eso la comida ya no sale como antes.

6.2.22. DESHECHO / DESECHO

Deshecho. Participio del verbo deshacer.

Belén ha llegado a casa a las diez, y nada más hacerlo ha deshecho la cama.

He deshecho la cama de Juana porque ella siempre deshace la mía.

He deshecho todo lo que tú habías hecho en casa. No quiero nada hecho por ti.

Desecho.

- Verbo desechar.

Siempre que puedo desecho todo aquello que no sirve.

- Sustantivo.

Eso no son más que desechos.

Los desechos se tiran a la basura.

7. Y, LL

Estas dos letras aparecen en palabras como: *rayo, llama, yo, llover, yema, llegar...* Y a pesar de que su pronunciación debe ser diferente, cada vez es más normal que se pronuncien igual, lo que ocasiona problemas a la hora de saber si una palabra se escribe con *y* o con *ll*.

Los problemas y las dudas se originan cuando la *y* se halla en palabras como las de los ejemplos, en cuyo caso su sonido es consonántico y no vocálico como en *carey, ay, uy, estoy, muy, y...* Es evidente que en estos casos su sonido es vocálico y no presenta posibilidad de confusión con la *ll*. Luego el problema está en su sonido consonántico (*yema, yo, rayo...*) susceptible de ser confundido con la *ll* (*llover, llave, llegar...*).

7.1. *La letra y*

La letra *y* representa dos sonidos:

a) Sonido vocálico: como si fuera una *i*.

muy, carey, ay, uy, estoy, voy, soy, doy, y...

b) Sonido consonántico:

boya, yeso, yate, yerno, desayuno, ayuno...

El problema está, pues, en su sonido consonántico, susceptible como ya se ha expuesto de ser confundido con *ll*. Con la finalidad de evitarlo se dan a continuación ciertas normas a seguir en la escritura de la *y*.

• Se escriben con *y*:

1. Las palabras que terminan en sonido *i* precedido de una vocal con la que forma diptongo o triptongo:

soy, voy, doy, estoy, ay, uy, buey, ley, jersey, muy...

Excepciones: *bonsái, saharahui, paipái* (puede también escribirse, y así lo reconoce la RAE: *paipay*).
El plural de las palabras acabadas en *y* se escribe también con *y*:
buey - bueyes
ley - leyes
Excepción:
jersey - jerséis

2. La conjunción *y*:

Ana y Juan / tú y yo / el coche y la moto...

Se usará la conjunción *y* siempre y cuando no preceda a una palabra que comience con vocal, pues en dicho caso se sustituirá *y* por *e*:

Beatriz e Inés / monasterios e iglesias...

3. Las palabras *hierba, hiedra* se pueden escribir *yerba, yedra*, sin embargo es preferible hacerlo con *h: hierba, hiedra.*

4. Se escribe *y* después de:

ad-: *adyacente, adyuvante*
dis-: *disyuntiva, disyunción*
sub-: *subyacer, subyacente, subyugante*

5. Se escriben con y las palabras que contengan: -*yec*-: *inyección, abyecto, proyecto*

7.2. La letra ll

Es la letra que representa al sonido de palabras como: *callar, llover, llamar, llegar, malla, lluvia, villa...*
• Se escriben con *ll*:

1. Las palabras terminadas en:
-*illa*: *chiquilla, casilla, mesilla, perilla, tablilla*
-*illo*: *chiquillo, martillo, cigarrillo, gatillo, pitillo, bolsillo*

2. Casi todos los verbos (y sus formas) que terminan en:
-*illar*: *pillar (pillo, pillaba, pillaré, pillarían...), trillar, maquillar*
-*ullar*: *magullar (magulló, ha magullado, magullaron...)*
-*ullir*: *mullir (mulles, mullo, mullimos...)*

7.3. Palabras homófonas con y y con ll

Arrollo / arroyo   Rallar / rayar
Calló / cayó   Rallo / rayo
Halla / haya   Valla / vaya
Malla / maya

7.3.1. *ARROLLO / ARROYO*

Arrollo. Verbo arrollar.
Aparta de ahí que te arrollo.
Como no despejes la zona los arrollo a todos con el coche.
Arroyo. 'Riachuelo'.
Antes el agua bajaba por ese arroyo, y era limpia, y se podía beber.
¿Hay un arroyo por aquí cerca?

7.3.2. *CALLÓ / CAYÓ*

Calló. Verbo 'callar'.

Se calló en cuanto vio a su padre.

Se calló y no dijo una palabra más en toda la fiesta.

Se calló porque ya no sabía qué más decir.

Cayó. Verbo 'caer'.

Se cayó al suelo y como no se podía levantar enseguida lla-mamos a una ambulancia.

Se me cayó el agua al suelo por culpa de Mónica.

Cayó a una velocidad sorprendente.

7.3.3. HALLA / HAYA

Halla. Verbo 'hallar'.

El que busca al final halla.

Halla lo que desees hallar y después retírate a tu habitación.

Lo que se halla en estas tierras es paz, tranquilidad, felicidad y amistad.

Haya. Verbo 'haber'.

Es un hombre bueno donde los haya.

Quien haya cambiado de sitio el cartel tendrá que volverlo a poner en su lugar.

Lo que haya pasado aquí no me importa.

7.3.4. MALLA / MAYA

Malla. 'Red. ‖ Vestido de tejido de punto muy fino que, ajustado al cuerpo, usan en sus actuaciones los artistas de circo, baila-rinas, etc.'.

Me pondré una malla negra para la actuación de esta noche.

¿Vas a ponerte un malla para la competición de mañana?

Maya. 'Relativo a la civilización maya'.

Conozco una hermosa leyenda maya.

Mi padre era un especialista en la cultura maya.

¿Sabes algo de la historia del pueblo maya?

7.3.5. POLLO / POYO

Pollo. 'Animal'.

Cenaremos pollo asado con patatas fritas.

No nos queda ni un pollo en el corral.

Estoy cansada de cenar todos los días pollo frito con lechuga.

Poyo. 'Banco de piedra, yeso u otra materia, que ordinariamente se fabrica arrimado a las paredes, junto a las puertas de las casas de campo, en los zaguanes y otras partes'.

Siéntate en ese poyo.

7.3.6. *RALLAR / RAYAR*

Rallar. 'Desmenuzar algo restregándolo con el rallador'.

Todavía no está preparada la comida, falta rallar el queso.
¿Puedo rallar ese trozo de pan y así empanar los filetes?
Rallar el queso sin rallador te va a ser imposible.

Rayar. 'Hacer rayas. || Tachar lo manuscrito o impreso, con una o varias rayas. || Estropear una superficies con rayas o incisiones'.

Te dije que no escribieras sobre la mesa para no rayarla y tú no me has hecho caso.

7.3.7. *RALLO / RAYO*

Rallo. Verbo 'rallar'.

Yo rallo el queso para los macarrones.
Siempre rallo el pan duro y lo uso para empanar la carne.
Cuando rallo el queso lo hago con cuidado.

Rayo. 'Chispa eléctrica producida por descarga entre nubes o entre una nube y la Tierra'.

Le cayó un rayo y se murió.
Que le parta un rayo.
No es lo mismo un trueno que un rayo.

7.3.8. *VALLA / VAYA*

Valla. 'Vallado o estacado para defensa. || Línea o término formado de estacas hincadas en el suelo o de tablas unidas, para cerrar algún sitio o señalarlo'.

Habrá que poner una valla más alta porque ésta pueden saltarla con facilidad los perros.
Si se te olvidan las llaves de la puerta del jardín, salta la valla.

Vaya. Verbo 'ir'.

Me ha pedido que vaya a buscarla.
El que vaya por el atajo no tardará más de cinco minutos.
Prefiero que vaya mi hermano.

8. I, Y

En el apartado anterior se explicaba el uso de la letra *y*, sin embargo se incluye también en este apartado por coincidir con la *i* en su sonido vocálico.

La *i* sólo representa un sonido y es vocálico: *i*.

vida, lámina, villa, silla, liso, lima, rima, mía, lía, peine, lámina, imán...

Este sonido es similar al sonido vocálico de *y*.

estoy, voy, carey, doy, y...

La *y* representa al sonido vocálica *i* en las palabras que termi- nan en sonido *i* precedido de una vocal con la que forma diptongo o triptongo.

doy, voy, soy, muy...

Y también cuando es conjunción copulativa.

Ana y Pedro salen juntos.
Ir y venir tantas veces es ridículo.

9. M, N

Estas dos letras, *m* y *n*, representan sonidos diferentes que habitualmente no ofrecen problema alguno pues suelen diferen- ciarse fácilmente. Ahora bien, en ciertas palabras se producen con- fusiones, al ser su pronunciación parecida en dichos contextos.

amparar, campo, también, tampoco, limbo...

En las palabras de los ejemplos es una *m* lo que precede a la *p* y a la *b*; sin embargo no es del todo anormal que pueda alguien dudar si es *n* o *m*.

1. Delante de *p* y *b* siempre va *m*, nunca *n*.

amparar, acampar, bamba, bomba, comba, ambiguo, imperio.

2. Las palabras *currículum, auditorium, álbum* se escriben con *m* y nunca con *n*.

3. Delante de *n* se escribe *m* en casos como los siguientes: *alumno, columna, himno...*

En cuanto a la letra *n*:

1. Se escribe *n* siempre que preceda a *v*.

enviar, enviudar, envolver, envenenar, envergadura, envejecer...

2. Se escriben con *n*: *ennegrecer, innoble, innato, connotación, circunferencia...*

10. R, RR

En principio estas dos letras no presentan problema alguno, ya que la *r* representa un sonido, el de *cara, baraja, cera, coro, barato, barullo...*; y la *rr* representa otro sonido, el de *carro, barro, corro, barra, rata, ratón, rueda...*

Sin embargo, en ciertas ocasiones nos encontramos ante dudas, como ¿se escribirá *biorritmo* o *bioritmo*?, ¿se escribirá *pararrayos* o *pararayos*?

10.1. *La letra r*

1. La *r* simple se escribirá cuando suene como en *cara, coro, muro...*, pero también a principio de palabra, aunque en dicha posición su sonido siempre es el de *rr*: *rata, rabo, rol, rueda, recorrido, robot, renacer, rival, rosario, reliquia, religión...*

2. Siempre se escribirá *r* cuando vaya precedida de *l, n* aunque su sonido sea el de *rr*.

malrotar, enrolarse, enriquecer, enrojecer, enrollar...

3. Se escribirá *r* cuando siga a:
post-: postromanticismo
sub-: subrayar, subreino
Así que la letra *r* representa dos sonidos:
a) El de *r*: *urna, jura, subir, viviré, callar, será, bar...*
b) El de *rr* (a principio de palabra y cuando vaya precedido de *n, l*): *raja, barrer, rojo, rosa, carreta, carroza, carruaje, enriquecer, enrolar, subrayar, malrotar...*

10.2. *La letra rr*

Esta letra siempre representa el mismo sonido: *corre, amarra, berrea, carro, barro, morro, burro, corro, chorro...*

Ya hemos visto que se representa por la *r* simple cuando va a principio de palabra: *rosa, Rita, ruso, realidad, rotar...*, y cuando va precedida de *l, n*: *enrojecer, malrotar, alrededor, honra...*

Cuando se trata de una palabra compuesta, es decir que está formadas por dos palabras, y la segunda comienza por *r*, al componerse en una sola se escribirá *rr*.

contrarréplica, pararrayos...

Es decir que aunque de forma aislada: *réplica* y *rayos* se escriban con una *r* simple, al formar una palabra compuesta y dejar de estar la *r* a principio de palabra han de escribirse con *rr*, de acuerdo con el sonido. Así, aunque no sean compuestas, cuando a una palabra que comienza por *r*: *rector, rey...* le anteponemos o bien otra palabra para formar una compuesta, o bien un prefijo: *virrey, vicerrector...*, al pasar la *r* a posición intervocálica se escribirá rr.

No obstante, cuando las palabras que se componen lo hacen mediante un guión, la *r*, aunque su sonido sea *rr*, ha de seguir escribiéndose *r* simple: *bielo-ruso*.

11. X

El sonido que representa esta letra es *ks, gs*. Aunque cada vez es más habitual que se pronuncie como una *s*, hay que decir que lo más adecuado es pronunciar *ks*.

examen, sexo, exportación...

Es esta letra fácilmente confundible con la *s*, sobre todo si la *x* aparece a principio de palabra: *xilofón, xenofobia*, en cuyo caso se pronuncia *s*.

En algunas palabras la *x* se puede pronunciar como *j*; es el caso, por ejemplo, de *México, Texas*.

• Se escriben siempre con *x*:
 Las palabras que empiezan por:
xeno-: *xenofobia, xenófobo*
xilo-: *xilófago, xilófono, xiloprotector*
ex- (prefijo): *excarcelar, extradición*
extra-: *extramuros, extrajudicial*

11.1. *Palabras parónimas con s y con x*

Se llaman parónimas las palabras que tienen sonido parecido, pero distinto significado. Vamos a explicar algunas que suelen dar lugar a confusiones.

Contexto / Contesto   Extirpe / Estirpe
Expiar / Espiar   Laxo / Laso
Expirar / Espirar   Sexo / Seso

11.1.1. *CONTEXTO / CONTESTO*

Contexto. 'Entorno lingüístico del cual depende el sentido y el valor de una palabra, frase o fragmentos considerados. || Entorno físico o de situación, ya sea político, histórico, cultural o de cualquier otra índole, en el cual se considera un hecho'.
   Si sacas de contexto una frase de la conversación, probablemente haya perdido su sentido, o al menos el sentido con el que la persona quiso expresar la frase en cuestión.
   Todo depende del contexto, pues lo que en una situación puede ser adecuado en otra puede ser todo lo contrario.
Contesto. Primera persona del singular, presente de indicativo, verbo 'contestar'.
   Si quieres, contesto yo.
   Déjame, que ya contesto yo esa pregunta.

11.1.2. *EXPIRAR / ESPIRAR*

Expirar. Verbo que significa 'morir'.
   Tú sabes que expirar es el final que a todos nos aguarda, seamos del origen que seamos, tengamos la condición que tengamos.
   Creía que se pondría bien justo cuando le llegó el momento de\ expirar.
Espirar. Verbo que significa 'echar el aire cuando respiramos'.
   Primero hay que inspirar, después hay que espirar.
   Tenemos que espirar el aire que inspiramos, pues si no nos ahogamos.

11.1.3. *EXPIAR / ESPIAR*

Expiar. 'Borrar las culpas, purificarse de ellas por medio de algún sacrificio'.

Ahora te toca a ti expiar tus culpas.

Yo no siento que tenga que expiar mis culpas, porque en realidad no siento que haya hecho algo malo.

Cuando logré expiar todas mis culpas me sentí mucho mejor.

Espiar. 'Vigilar en secreto'.

Para espiar a tu mujer hará falta que tengamos mucha paciencia.

¿Me pueden espiar en mi propia casa?

Ha querido espiar también a mis hijos y eso es demasiado.

11.1.4. *EXTIRPE / ESTIRPE*

Extirpe. Del verbo extirpar: arrancar de raíz.

Cuando extirpe el quiste que tiene usted en la oreja, no se podrá volver a poner pendientes.

Aunquier extirpe el tumor puede morir.

Estirpe. 'Linaje, raza'.

Él y los de su estirpe siempre han mandado en esta región.

La estirpe ya no es tan importante como lo fue en el pasado.

Siempre recurre a su estirpe, como si eso fuera a salvarle de cualquier crítica.

11.1.5. *SEXO / SESO*

Sexo. 'Condición orgánica, masculina o femenina, de los animales y las plantas. ‖ Órganos sexuales. ‖ Placer venéreo'.

Tiene que rellenar obligatoriamente el apartado donde aparece la palabra sexo con un sí en masculino o femenino.

¿Tienen sexo las plantas?

Seso. 'Cerebro, parte del encéfalo que está situado delante y encima del cerebelo'.

A mí de pequeño me daban seso para comer.

Se usa también en sentido metafórico.

¿Es que has perdido el seso o qué?

No me calientes más los sesos, que ya estoy yo bastante calentito, ¿eh?

Ejercicios

1. Escriba *b* o *v* según convenga:

ama_ilidad   medita_undo
agrada_le   _i_lioteca
_irrey   sostu_e
_ipolar   nausea_undo
sucum_ir   ha_ilidad
_izconde   _aso
juga_ba   _urlar
_oy   _iografía
andu_o

2. Escriba tres palabras que contengan *w* y explique el sonido que representan en cada caso.

3. Escriba *c* o *z* según convenga:

apato   veje
rapa_   lu_es
rapa_es   lu_es
_ena   hi_imos
ésped   fa
_élebre   ha_er
_ero   hi_o
arzamora   ha
co_er

4. Escriba tres palabras que contengan la letra *k*.

5. Escriba cuatro palabras que contengan la letra *qu*.

6. Escriba *j* o *g* según convenga:

_eringuilla   fin_o
_ente   ca_a
_efe   pedago_ía
hi_iénico   here_e
orí_enes   ancla_e
ori_inal   ro_o
_irafa   litur_ia
_eólogo   oxí-_eno
fin_ir   prodi_io

7. **Escriba *h* donde sea necesario:**

acer	ola (de mar)
amar	ola (saludo)
cacauete	ambre
ijo	ámbar
arcón	allar
aber	

8. **Escriba *y* o *ll* según convenga:**

_ave	cá_ate
_ovía	_ema
in_ectar	re_es

9. **Escriba *r* o *rr* según convenga:**

_ata	bio_itmo
mata_atas	_itmo
ca_oza	_éplica
_ojo	_osa
ba_o	contra_éplica

10. **Escriba *s* o *x* según convenga:**

e_celente	se_ual
e_plendor	_ilófono
e_traordinario	_enófobo
e_piritual	_enofobia

11. **Explique la diferencia existente entre los siguientes pares de palabras y ponga ejemplos:**

baca / vaca	sabia / savia
echo / hecho	hola / ola
basto / vasto	tubo / tuvo
haya / aya	hora / ora
bello / vello	asta / hasta
cabo / cavo	bobina / bovina
habría / abría	

12. **En los siguientes poemas hay algunas palabras donde la *b* y la *v* no son correctas. Corríjalas.**

   Epigrama

   Hiere la hermosa Elbira
   cuantos mira,

porque sus ojos son flechas
que al corazón ban derechas
como al blanco donde tira;
mas luego por vuen respeto
los cura y gana en efecto,
como le caigan a lance;
no hay quien el secreto alcance
porque los cura en secreto.

Baltasar de Alcázar

Soneto

Ya el oro natural crespes o extiendas
o al componerlo con industria aspires,
lucir sus lazos o sus ondas mires,
cuando livre a tus damas lo encomiendas.

O ya, por nueva ley de amor, lo prendas
entre ricos diamantes y zafires,
o bajo hermosas plumas lo retires,
y el traje baronil fingir pretendas;

Búscate Adonis por su Venus antes,
por su Adonis te tiene ya la diosa,
y a ambos los engañan tus cavellos;

mas yo en la misma duda milagrosa,
mientras se hallan en ti los dos amantes,
muero por amvos y por celos de ellos.

Bartolomé Leonardo Argensola

Sé más feliz que yo
Sobre pupila azul, con sueño lebe,
tu párpado cayendo amortecido,
se parece a la pura y blanca niebe
que sobre las violetas reposó.
Yo el sueño del placer nunca he dormido:
Sé más feliz que yo.

Se asemeja tu voz en la plegaria
al canto del zorzal de indiano suelo
que sobre la pagoda solitaria
los himnos de la tarde suspiró.
Yo sólo esta oración dirijo al cielo:
Sé más feliz que yo.
Es tu aliento la esencia más fragante
de los lirios del Arno caudaloso
que brotan sobre un junco bacilante
cuando el céfiro blando los meció.
Yo no gozo su aroma delicioso.
Sé más feliz que yo.
El amor, que es de espíritu de fuego,
que de callada noche se aconseja
y se nutre con lágrimas y ruego,
en tus purpúreos lavios se escondió.
Él te guarde el placer y a mí la queja:
Sé más feliz que yo.
Vella es tu juventud en sus alvores,
como un campo de rosas del Oriente;
al ángel del recuerdo pedí flores
para adornar tu sien, y me las dio.
Yo decía al ponerlas en tu frente:
Sé más feliz que yo.
Tu mirada bibaz es de paloma:
como la adormidera del desierto,
causas dulce emvriaguez, hurí de aroma
que el cielo de topacio avandonó.

Padre Juan Arolas

13. En los siguientes textos hay algunos errores.

Yo vengo a ser lo que se llama en el mundo un buen hombre, un infeliz, un pobrecillo, como ya se hechará de ver en mis escritos; no tengo más defecto, o llámese sobra si se quiere, que ablar mucho, las más veces sin que nadie me pregunte mi opinión; vállase porque otros tienen el don de no ablar nada, aunque se les pregunte la suya. Entremétome en todas partes como un pobrecito, y formo mi opinión y la digo, venga o no al caso, como un pobrecito. Dada esta

*primera idea de mi carácter pueril e inocentón, nadie estrañará que
me haye hoy en mi bufet con gana de hablar, y sin saber qué dezir;
enpeñado en escribir para el público, y sin saber quién es el público.
Esta idea, pues, que me ocurre al sentir tal comezón de escribir será
el obgeto de mi primer artículo.*

Larra, *Artículos*

Duda

*Desierto está el jardín. De su tardanza
no adibino el motibo. El tiempo abanza.
Duda cruel, no turbes mi reposo;
enpieza a vazilar mi confianza,
el miedo me ace ser supersticioso.
Si aparece, al llegar en la cancela,
será que es fiel; si acude a nuestra cita
por el postigo... entonces no rezela
mi amor en bano. ¡Dios no lo permita!
Uye, duda; del alma te destierro.
Por la cancela del dorado hierro
vendrá, Señor, ¿qué la detiene?...
Sus pasos oigo ya. ¡Los ojos cierro,
que no quiero saver por dónde viene!*

Ricardo Gil

*No sólo se estiende el 'no sé qué' a los objetos gratos, mas tan-
bién a los enfadosos, de suerte que, como en algunos de aquéllos
hay un pintor que no se esplica, en algunos de éstos hay una fealdad que careze de esplicación. Bien vulgar es decir: 'Fulano me
enfada no sé por qué'. No hay sentido que no represente este o
aquel objeto desapacivle, en quienes hay cierta cualida disciplente
que se resiste a los conatos que el entendimiento haze para espli-
carla y últimamente la llama un 'no sé qué' que disgusta, un 'no
sé qué' que fastidia, un 'no sé qué' que da en rostro, un 'no sé qué'
que orroriza.*

*Intentamos, pues, en el presente discurso esplicar lo que nadie
a explicado, descifrar este natural enigma, sacar esta cosicosa de
las tinieblas en que a estado hasta aora; en fin, decir lo que es esto
que todo el mundo dice que 'no sabe qué es'.*

Feijoo, fragmento de *El no sé qué*

Cerraron sus ojos...

Cerraron sus ojos,
que aún tenía abiertos;
taparon su cara
con un blanco lienzo
y unos soyozando,
otros en silenzio,
de la triste halcoba
todos se salieron.
La luz, que en un baso
ardía en el suelo,
al muro arrojaba
la sonbra del lecho;
y entre aquella sonbra
veíase a intervalos
 dibujarse ríjida
la forma del cuerpo.
Despertava el día
y a su albor primero,
con sus mil ruidos
despertava el pueblo.
Ante aquel contraste
de vida y misterios,
de luz y tinieblas,
medité un momento.
¡Dios mío, qué solos
se quedan los muertos!
De la casa en honbros
lleváronla al tenplo
y en una capilla
dejaron el féretro.
Allí rodearon
sus pálidos restos
de amariyas velas
y de paños negros.
Al dar de las ánimas
el toke postrero,
acabó una bieja
sus últimos rezos;
cruzó la hancha nave,

las puertas jimieron,
y el santo recinto
quedose en desierto.
De un reloj se oía
compasado el péndulo
y de algunos zirios
el chisporroteo.
Tan medroso y triste,
tan oscuro y yerto
todo se encontraba...
que pensé un momento:
¡Dios mío, qué solos
se quedan los muertos!
De alta campaña
la lengua de hierro,
le dio, bolteando,
su adiós lastimero.
El luto en las ropas,
amigos y deudos
cruzaron en fila
formando un cortego.
Del último asilo
oscuro y extrecho,
abrió la piqueta
el nicho a un estremo.
Allí la acostaron,
tapiáronla luego,
y con un saludo
despidiose el duelo.
 La piqueta al honbro
el sepulturero,
cantando entre dientes,
se perdió ha lo lejos.
La noche se entraba,
reinaba el silencio;
perdido en las sonbras
medité un momento:
¡Dios mío, qué solos
se quedan los muertos!
 En las largas noches

del elado invierno,
cuando las maderas
crugir hace el viento
y azota los vidrios
el fuerte haguacero,
de la pobre niña
a solas me acuerdo.
Allí cae la lluvia
con un son eterno;
allí la conbate
el soplo del cierzo.
Del húmedo muro
tendida en el ueco,
acaso de frío
se ielan sus huesos.
¿Vuelve el polvo al polvo?
¿Vuela el alma al cielo?
¿Todo es vil materia,
podredunbre y cieno?
¡No sé; pero ay algo
que esplicar no puedo
que al par nos infunde
repugnancia y miedo,
al dejar tan tristes,
tan solos, los muertos!

Gustavo Adolfo Bécquer

Soluciones

1.

amabilidad
agradable
virrey
bipolar
sucumbir
vizconde
jugaba
voy
anduvo

meditabundo
biblioteca
sostuve
nauseabundo
habilidad
vaso
burlar
biografía

2.

Whiski: sonido u.
Washington: sonido u.
Wagner: sonido v.

3.

zapato
rapaz
rapaces
célebre
cero
zarzamora
cena
césped
cocer

vejez
luz
luces
hacer
hizo
hicimos
haz
faz

4.

Káiser, krausismo, kilómetro.

5.

Queso, que, quizá, querer.

6.

jeringuilla	original
gente	pedagogía
jefe	hereje
jirafa	anclaje
geólogo	rojo
fingir	caja
finjo	oxígeno
higiénico	liturgia
orígenes	prodigio

7.

hacer	hambre
amar	ámbar
cacahuete	arcón
hijo	haber
ola (de mar)	hallar
hola (de saludo)	

8.

llave	cállate
llovía	yema
inyectar	reyes

9.

rata	barro
matarratas	biorritmo
carroza	ritmo
rojo	réplica
rosa	contrarréplica

10.

excelente	sexual
esplendor	xilófono
extraordinario	xenófobo
espiritual	xenofobia

11.

Baca: 'soporte que se pone sobre el coche'. Pon la bici en la baca del coche.

Vaca: 'Animal'. Esa vaca está ya muy vieja, ¡pobre animal!

Echo: verbo echar. ¿Echo más sal?

Hecho: verbo hacer. He hecho ya todos los deberes.

Basto: 'Tosco, grosero'. ¡Qué basto eres, hijo!

Vasto: 'Extenso'. ¡Qué vasto campo!

Haya: Verbo haber. Lo que hayas hecho en tu vida anterior no me importa.

Aya: 'Mujer encargada de los cuidados de los niños'. El aya de tu abuelo tenía un collar de monedas de plata.

Bello: 'Hermoso'. ¡Qué bello es vivir!

Vello: 'Pelo corto y suave que sale en algunas partes del cuerpo'. Tiene mucho vello en la cara.

Cabo: 'Extremo de algo', 'lugar geográfico', 'militar con ese nivel', 'atar cabos'...
La cuerda tiene dos cabos, ¿no?

Cavo: Verbo cavar. Cavo tu tumba porque nadie lo hará por mí.

Habría: Verbo haber. Lo habría hecho si tú no lo hubieras impedido.

Abría: Verbo abrir. Abría la puerta con mucho cuidado.

Sabia: 'Persona docta'. Al final comprendí que mi madre era una verdadera sabia.

Savia: 'Líquido que tienen las plantas'. ¿Ves la savia de esa planta dentro del tallo?

Hola: 'Saludo'. Hola, Pedro, ¿qué tal estás?

Ola: 'Onda del mar'. Te has perdido la mejor ola del mar de la mañana.

Tubo: ¿Dónde está el tubo de pastillas?

Tuvo: Verbo tener. Tuvo mucha suerte.

Hora: 'Unidad de tiempo'. ¿Qué hora es?

Ora: Verbo 'orar' ('rezar'). Ora ahora, que Dios siempre escucha.

Asta: 'Cuerno'. A ese toro le falta un asta, ¿no?

Hasta: Preposición. ¿Hasta cuándo esta tortura?

Bobina: 'Carrete de hilo'. ¿Te queda hilo en la bobina?

Bovina: 'De vaca'. Es una chaqueta de piel bovina.

12.

Epigrama

Hiere la hermosa Elvira
cuantos mira,

porque sus ojos son flechas
que al corazón van derechas
como al blanco donde tira;
mas luego por buen respeto
los cura y gana en efecto,
como le caigan a lance;
no hay quien el secreto alcance
porque los cura en secreto.

Baltasar de Alcázar

Soneto

Ya el oro natural crespes o extiendas
o al componerlo con industria aspires,
lucir sus lazos o sus ondas mires,
cuando libre a tus damas lo encomiendas.

O ya, por nueva ley de amor, lo prendas
entre ricos diamantes y zafires,
o bajo hermosas plumas lo retires,
y el traje varonil fingir pretendas;

Búscate Adonis por su Venus antes,
por su Adonis te tiene ya la diosa,
y a ambos los engañan tus cabellos;

mas yo en la misma duda milagrosa,
mientras se hallan en ti los dos amantes,
muero por ambos y por celos de ellos.

Bartolomé Leonardo Argensola

Sé más feliz que yo
Sobre pupila azul, con sueño leve,
tu párpado cayendo amortecido,
se parece a la pura y blanca nieve
que sobre las violetas reposó.
Yo el sueño del placer nunca he dormido:
Sé más feliz que yo.
Se asemeja tu voz en la plegaria
al canto del zorzal de indiano suelo

que sobre la pagoda solitaria
los himnos de la tarde suspiró.
Yo sólo esta oración dirijo al cielo:
Sé más feliz que yo.
Es tu aliento la esencia más fragante
de los lirios del Arno caudaloso
que brotan sobre un junco vacilante
cuando el céfiro blando los meció.
Yo no gozo su aroma delicioso.
Sé más feliz que yo.
El amor, que es de espíritu de fuego,
que de callada noche se aconseja
y se nutre con lágrimas y ruego,
en tus purpúreos labios se escondió.
Él te guarde el placer y a mí la queja:
Sé más feliz que yo.
Bella es tu juventud en sus albores,
como un campo de rosas del Oriente;
al ángel del recuerdo pedí flores
para adornar tu sien, y me las dio.
Yo decía al ponerlas en tu frente:
Sé más feliz que yo.
Tu mirada vivaz es de paloma:
como la adormidera del desierto,
causas dulce embriaguez, hurí de aroma
que el cielo de topacio abandonó.

Padre Juan Arolas

13.

Yo vengo a ser lo que se llama en el mundo un buen hombre,
un infeliz, un pobrecillo, como ya se echará de ver en mis escritos; no tengo más defecto, o llámese sobra si se quiere, que hablar
mucho, las más veces sin que nadie me pregunte mi opinión;
váyase porque otros tienen el don de no hablar nada, aunque se
les pregunte la suya. Entremétome en todas partes como un pobrecito, y formo mi opinión y la digo, venga o no al caso, como un
pobrecito. Dada esta primera idea de mi carácter pueril e inocentón, nadie extrañará que me halle hoy en mi bufete con gana
de hablar, y sin saber qué decir; empeñado en escribir para el

público, y sin saber quién es el público. Esta idea, pues, que me ocurre al sentir tal comezón de escribir será el objeto de mi primer artículo.

Larra, *Artículos*

Duda

> *Desierto está el jardín. De su tardanza*
> *no adivino el motivo. El tiempo avanza.*
> *Duda cruel, no turbes mi reposo;*
> *empieza a vacilar mi confianza,*
> *el miedo me hace ser supersticioso.*
> *Si aparece, al llegar en la cancela,*
> *será que es fiel; si acude a nuestra cita*
> *por el postigo... entonces no recela*
> *mi amor en vano. ¡Dios no lo permita!*
> *Huye, duda; del alma te destierro.*
> *Por la cancela del dorado hierro*
> *vendrá, Señor, ¿qué la detiene?...*
> *Sus pasos oigo ya. ¡Los ojos cierro,*
> *que no quiero saber por dónde viene!*

Ricardo Gil

No sólo se extiende el 'no sé qué' a los objetos gratos, mas también a los enfadosos, de suerte que, como en algunos de aquéllos hay un pintor que no se explica, en algunos de éstos hay una fealdad que carece de explicación. Bien vulgar es decir: 'Fulano me enfada no sé por qué'. No hay sentido que no represente este o aquel objeto desapacible, en quienes hay cierta cualidad disciplente que se resiste a los conatos que el entendimiento hace para explicarla y últimamente la llama un 'no sé qué' que disgusta, un 'no sé qué' que fastidia, un 'no sé qué' que da en rostro, un 'no sé qué' que horroriza.

Intentamos, pues, en el presente discurso explicar lo que nadie ha explicado, descifrar este natural enigma, sacar esta cosicosa de las tinieblas en que ha estado hasta ahora; en fin, decir lo que es esto que todo el mundo dice que 'no sabe qué es'.

Feijoo, fragmento de *El no sé qué*

Cerraron sus ojos...

Cerraron sus ojos,
que aún tenía abiertos;
taparon su cara
con un blanco lienzo
y unos sollozando,
otros en silencio,
de la triste alcoba
todos se salieron.
La luz, que en un vaso
ardía en el suelo,
al muro arrojaba
la sombra del lecho;
y entre aquella sombra
veíase a intervalos
dibujarse rígida
la forma del cuerpo.
Despertaba el día
y a su albor primero,
con sus mil ruidos
despertaba el pueblo.
Ante aquel contraste
de vida y misterios,
de luz y tinieblas,
medité un momento.
¡Dios mío, qué solos
se quedan los muertos!
De la casa en hombros
lleváronla al templo
y en una capilla
dejaron el féretro.
Allí rodearon
sus pálidos restos
de amarillas velas
y de paños negros.
Al dar de las ánimas
el toque postrero,
acabó una vieja
sus últimos rezos;
cruzó la ancha nave,

las puertas gimieron,
y el santo recinto
quedose en desierto.
De un reloj se oía
compasado el péndulo
y de algunos cirios
el chisporroteo.
Tan medroso y triste,
tan oscuro y yerto
todo se encontraba...
que pensé un momento:
¡Dios mío, qué solos
se quedan los muertos!
De alta campaña
la lengua de hierro,
le dio, volteando,
su adiós lastimero.
El luto en las ropas,
amigos y deudos
cruzaron en fila
formando un cortejo.
Del último asilo
oscuro y estrecho,
abrió la piqueta
el nicho a un extremo.
Allí la acostaron,
tapiáronla luego,
y con un saludo
despidiose el duelo.
La piqueta al hombro
el sepulturero,
cantando entre dientes,
se perdió a lo lejos.
La noche se entraba,
reinaba el silencio;
perdido en las sombras
medité un momento:
¡Dios mío, qué solos
se quedan los muertos!
En las largas noches

del helado invierno,
cuando las maderas
crujir hace el viento
y azota los vidrios
el fuerte aguacero,
de la pobre niña
a solas me acuerdo.
Allí cae la lluvia
con un son eterno;
allí la combate
el soplo del cierzo.
Del húmedo muro
tendida en el hueco,
acaso de frío
se hielan sus huesos.
¿Vuelve el polvo al polvo?
¿Vuela el alma al cielo?
¿Todo es vil materia,
podredumbre y cieno?
¡No sé; pero hay algo
que explicar no puedo
que al par nos infunde
repugnancia y miedo,
al dejar tan tristes,
tan solos, los muertos!

Gustavo Adolfo Bécquer

Capítulo II

Las mayúsculas

1. Las letras mayúsculas

Llamamos letras mayúsculas a las letras que escribimos con mayor tamaño: A, B, C, CH... diferenciándolas así de las minúsculas de tamaño menor: a, b, c, ch...

Se emplean para diferenciar los nombres propios de los comunes y para comenzar una oración. Hay otros usos de las letras mayúsculas que veremos en el siguiente apartado.

Aparentemente el uso de las mayúsculas puede no parecer muy problemático, sin embargo siempre surgen dudas, por lo que en este capítulo se exponen todos los casos en los que debe escribirse mayúscula.

A las mayúsculas también se las llama versales, que no es lo mismo que versalitas pues éstas son mayúsculas con el mismo tamaño que las minúsculas, mientras que las versales son como las mayúsculas en forma y en tamaño.

2. Uso de las mayúsculas

Ha de escribirse mayúscula en los siguientes casos:
- La primera letra de la primera palabra de un texto.

Me llamo Ana y tengo diez años. Mis padres...

- La primera letra de la primera palabra después de un punto, ya sea punto y seguido, ya sea punto y aparte.

La niña llegó pronto. Y tú me habías hecho creer que llegaría tarde.

- Después de puntos suspensivos puede ir mayúscula si es que los puntos suspensivos cierran la oración:

Puede que sí... Acaso venga.

Compró pan, leche, azúcar, agua, chocolate, carne, manzanas, peras, fruta... Llegué a pensar que no cabría tanta comida en nuestra pequeña cocina.

• Si los puntos suspensivos no cierran la oración se escribirá minúscula tras ellos.

Estoy pensando que... iré.
Sé muy bien que... ya no me quieres.
Dijo, dijo que... eras un indeseable.
He pensado que... es mejor que no vengas a mi oficina.

• El signo de cerrar la interrogación o la exclamación equivale a un punto, por lo que tras él habrá siempre mayúscula:

¿Quién eres tú? No te conozco.
¡Qué barbaridad! No tienes remedio.

• Si queremos que no se termine la oración donde está el punto de la interrogación o exclamación de cierre, y, por lo tanto, que el punto de la interrogación o exclamación no cuente como tal, debemos usar una coma o un punto y coma inmediatamente después de tal punto.

¿Qué has dicho?, ¿que mañana viene Pedro?
¡Qué tonto eres!, pero ¡qué tonto eres!

• Después de dos puntos se pondrá mayúscula en casos como:
- Tras el encabezamiento de una carta:

Queridos padres:
Estoy pasándolo estupendamente...

- Cuando citamos una frase de otra persona:

Marilyn Monroe dijo: «En Hollywood te pueden pagar 1.000 dólares por tu cuerpo, y 50 centavos por tu alma».

• Los nombres propios siempre se escriben con la letra inicial en mayúscula.
Son nombres propios:
- Nombres de persona: *Ana, Mercedes, Paloma, Alfredo...*

- Apellidos: *Pérez, Gómez, Calvo, Solís, Martín, Rodríguez, Rubio...*
- Los nombres de dinastías como: *los Borbones, los Austrias...*
- Ríos: *Ebro, Nilo, Amazonas, Orinoco, Paraná.*
- Ciudades: *Madrid, Buenos Aires, Málaga, Lugo, San José, Bogotá...*
- Calles: *Mayor, Goya, Serrano, Ayala, Bailén, Gran Vía...*
- Continentes: *África, América, Oceanía, Asia, Europa.*
- Países: *España, Costa Rica, Argentina, Guatemala, México, Paraguay, Uruguay...*
- Pueblos: *Pedraza, Nerja, Santoña, Chinchón, Majadahonda, Torrelavega...*
- Mares y océanos: *Atlántico, Mediterráneo, Cantábrico...*

(Cuando en el caso de los nombres de lugares el artículo forme parte del nombre, éste irá también en mayúscula: *La Habana, El Cairo, La Paz, El Salvador...*)

• Nombres de constelaciones, estrellas, planetas o astros.

La Osa Mayor se puede ver por la noche.
Júpiter es un planeta. Mercurio, también.
El Sol es un astro.
Desde el cielo la Tierra no sé cómo se verá.

En el caso de sol y luna sólo se escribirán con mayúscula cuando se esté hablando del sol y la luna como astros. El resto será con minúscula.

Si sigues tomando el sol de esa manera te abrasarás la piel.
Ojalá todas las noches fueran, como dice la canción de Chavela, noches de luna...

En el caso de Tierra sucede igual:

Por fin estamos pisando tierra firme.

• Los signos del zodíaco: *Géminis, Cáncer, Acuario, Capricornio, Aries, Libra, Piscis, Escorpio, Tauro, Virgo.*

• Los puntos cardinales cuando nos referimos exactamente a ellos como puntos cardinales.

¿Hacia dónde marca la brújula: Norte o Sur?

En el resto de los casos irán en minúsculas.

Prefiero el norte que el sur, hace menos calor.

• Nombres de dioses:

Dios, Alá, Jehová...

• Las festividades:

Navidad, Semana Santa, Nochebuena, Nochevieja...

• Libros sagrados: *Biblia, Corán...*

• Las marcas:

Fanta, Renault, Lee, Cimarrón, Findus, Pescanova, Fiat, Seat...

• Los tratamientos de respeto, especialmente si están abreviados, deben también llevar la primera letra en mayúscula:

Sr., Sra., Srta.
U. o *Ud.* o *V.* (usted, que ha de escribirse en minúscula cuando se escribe entero)
D.
Sr. D.
S.E. (Su Excelencia).

• Los apodos.

Garcilaso el Inca, Fernando el Sabio, Juana la Loca, Felipe el Hermoso, El Greco...

• Los números romanos.

Pablo III, Luis XIV, siglo XXI, capítulo XX, tomo IV, libro XVIII

• Los títulos de los libros.
Niebla
Corazón
Campos de Castilla
La tía Tula
Pedro Páramo

• Las siglas y los acrónimos.

ISBN, UNESCO, OTAN, ONU, UNICEF, OTAN, FIFA, FMI, ACNUR...

• Los nombres de instituciones.

Biblioteca Nacional, Museo Reina Sofía.

• Los nombres de partidos.

Partido Popular, Izquierda Unida, Partido Socialista Obrero Español...

• Los nombres de organismos.

la Universidad, el Estado, la Iglesia...

• Se escribirá en mayúscula la letra inicial de la palabra cuando ésta se refiera a todo el organismo:

La Iglesia no puede estar de acuerdo con una guerra.

• Si, por el contrario, no se refiere al organismo como conjunto se escribirá en minúscula:

¿Hay una iglesia por aquí cerca?

• Los nombres de las disciplinas se escribirán con la letra inicial de la palabra en mayúscula en estos casos:

Son estudiantes de Literatura.
Es licenciado en Física.
En minúscula:
Adoro la física. Es una materia que me encanta.
La literatura es una asignatura preciosa.

• Tendrán que escribirse con mayúscula determinadas épocas históricas o días relevantes, como, por ejemplo, Renacimiento, Barroco, Edad Media...

• Es bastante habitual encontrar los días de la semana, los meses y las estaciones del año escritos con mayúscula; sin embargo, deben escribirse siempre con minúscula.

Irá el martes a trabajar.

En marzo del año pasado llovió mucho.
Este invierno ha sido muy frío.
El sábado estuve en una fiesta.
En junio me iré de vacaciones.
La primavera la sangre altera.

• Cuando aparecen frases enteras o palabras en mayúsculas, que no deberían en principio escribirse así, esto obedece a intenciones puramente expresivas.

3. Aclaraciones indispensables

Conviene hacer algunas aclaraciones referentes al uso de las mayúsculas que en no pocas ocasiones genera dudas.

Las letras que se escriben con mayúscula han de llevar tilde si así lo requiere la palabra. Es decir, que no porque una letra esté escrita en mayúscula no llevará tilde.

Álava, Ávila, Ángela, Álvaro...

- Cuando deba escribirse con mayúscula inicial una palabra que empiece con *ll*, sólo será mayúscula la primera letra: *Lleida, Llamazares, Llina...*

- Asimismo, si la palabra que ha de escribirse con mayúscula inicial empieza con *ch*, sólo la primera letra será mayúscula: *Charo, Chopin, Chema...*

- Cuando sea una *i* la que deba escribirse con mayúscula se prescindirá del punto que se coloca sobre esta letra cuando se escribe con minúscula. Ejemplos: *Inés, Íñigo, Ignacio, Israel, Ismael...* De lo que no se puede prescindir nunca es de la tilde.

- Si es una *j* la letra que ha de ir escrita en mayúscula, el punto que se pone sobre esa letra cuando es minúscula, se suprime en mayúscula: *Jaén, Julio, Jacinta, Jerusalén, Japón...*

Ejercicios

1. Ponga mayúscula o minúscula donde juzgue conveniente.

la organización mundial de la salud (oms) alertó ayer del peligro de que una Neumonía que se detectó en china a finales del mes de Febrero, y que ya ha afectado a otros países, pueda expandirse a otros lugares. La preocupación por esta enfermedad, que ya ha causado nueve muertos, aumentó ayer en francfort (Alemania), donde un viajero que viajaba de singapur a Nueva york tuvo que ser hospitalizado y puesto en cuarentena cuando su avión hizo escala en aquella Ciudad, ante el temor de que hubiese contraído esta Neumonía.

el hospitalizado es un doctor que trató en singapur uno de los primeros casos de la extraña neumonía. A su llegada a francfort mostraba los síntomas habituales de esta enfermedad: fiebre alta, cefaleas, irritación de la garganta, dificultades para respirar. Esta Neumonía ha sido denominada como síndrome agudo en las vías respiratorias (sars). Otros 155 pasajeros del mismo vuelo no continuaron el viaje y también están en observación. Al resto de los viajeros y a la tripulación se les permitió seguir tras ser examinados por los médicos. Si se confirman las sospechás, las personas que están en observación permanecerán en cuarentena siete días para que se les pueda diagnosticar las posibles infecciones y evitar la propagación de la enfermedad.

El director de la oms no escondió ayer su preocupación por esta enfermedad: «Este síndrome es ahora mismo una amenaza sanitaria mundial». Pidió que se trabaje conjuntamente para que se encuentre la causa, proteger a los enfermos y detener esta propagación. En su informe, la oms pide que las personas que estén contagiadas queden en observación y aisladas, para poder evitar los contagios.

«Los informes que tenemos de los casos estudiados demuestran que los ataques son muy fuertes y que los síntomas avanzan con mucha rapidez. Cuando alguien enferma, enferma mucho», matizó el portavoz de la oms. La oms está realizando desde hace semanas estudios en los mejores laboratorios para descubrir si se trata de un virus o de una bacteria, pero de momento no se han obtenido los resultados esperados.

Los primeros casos de sars se dieron en China, donde se detectó la enfermedad a 305 personas. Cinco murieron pocos días después. El Jueves pasado murió un estadounidense en hong kong. La semana anterior había estado ingresado por la misma dolencia en un hospital de Hanoi y su paso por el centro médico contagió a 24 médicos y enfermeros. Una enfermera murió ayer y un médico sigue en estado muy grave. canadá, indonesia, filipinas, singapur, tailandia y vietnam son otros de los países donde se ha detectado algún brote de esta neumonía. En canadá dos personas han muerto esta semana por la misma causa. thompson comentó ayer que de momento se tienen contabilizados nueve muertos a causa del sars en distintos países, lo que muestra el peligro de la expansión.

2. **Escriba la primera letra en mayúscula:**

   china, lleida, llamar, charo, llamazares, chema

3. **¿Pueden llevar tilde las mayúsculas?**

4. **Escriba la primera letra de las siguientes palabras en mayúscula o minúscula según convenga.**

español	el cairo
españa	s.e.
atlántico	país vasco
la habana	guatemala
calle bailén	ud.
ebro	el salvador
guatemalteco	

5. **En los siguientes textos hay algunos errores referentes a las mayúsculas y a las minúsculas.**

cartas de mi sobrino

22 de Marzo

Querido Tío y venerado Maestro:
hace cuatro días que llegué a este lugar de mi nacimiento, donde he hallado bien de salud a mi padre, al Señor Vicario y a los amigos y parientes. El contento de verlos y de hablar con ellos, después de tantos años de ausencia, me ha embargado el ánimo y me ha robado el tiempo, de suerte que hasta ahora no he podido escribir a Usted.
Usted me lo perdonará.
Como salí de aquí tan niño y he vuelto hecho un Hombre, es singular la impresión que me causan todos estos objetos que guardaba en la memoria. Todo me parece más chico, mucho más

chico; Pero también más bonito que el recuerdo que tenía. La casa de mi padre, que en mi imaginación era inmensa, es sin duda una gran casa de un rico labrador; Pero más pequeña que el Seminario. Lo que ahora comprendo y estimo mejor es el campo de por aquí. Las huertas, sobre todo, son deliciosas.

Juan Valera, *Pepita Jiménez*

Regreso en este momento de visitar al dueño de mi casa. Sospecho que ese solitario vecino me dará más de un motivo de preocupación. La Comarca en que he venido a residir es un verdadero paraíso, tal como un misántropo no hubiera logrado hallarlo igual en toda inglaterra. El señor heathcliff y yo podríamos haber sido una pareja ideal de camaradas en esto bello País. Mi casero me pareció un individuo extraordinario. No dio muestra alguna de notar la espontánea simpatía que experimenté hacia él al verlo. Antes bien, sus negros ojos se escondieron bajo sus párpados, y sus dedos se hundieron más profundamente al anunciarle yo mi nombre.

—¿El señor heathcliff?—le había preguntado.

se limitó a inclinar la cabeza afirmativamente.

—Soy lockwood, su nuevo inquilino. Me he apresurado a tener el gusto de visitarle para decirle que confío en que mi insistencia en alquilarle la Granja de los Tordos no le habrá molestado.

—La granja de los tordos es mía —contestó, separándose un poco de mí.

Emily Brontë, *Cumbres Borrascosas*

I. Toda la galia está dividida en tres partes, de las cuales habitan una los Belgas, los Aquitanos otra, y la tercera los que en su lengua se llaman Celtas y Galos en la nuestra. Todos éstos difieren entre sí por el lenguaje, las Costumbres y las Leyes. El Río Garona separa a los Galos de los Aquitanos; el Marne y el Sena, de los Belgas.

Los Belgas son los más fuertes de todos éstos, porque distan muchísimo de la cultura y civilización de la Provincia, porque muy pocas veces los comerciantes van a ellos y llevan aquellas cosas que tienden a afeminar los ánimos, y porque son los más próximos a los Germanos, que habitan tras el Rin, con los cuales están constantemente en Guerra. Por esta causa los Helvecios también aventajan en valor a los restantes Galos, porque luchan con los Germanos en combates casi diarios, alejándolos de sus fronteras, o haciendo la Guerra en sus tierras. La parte que ocupan los Galos comienza en el Ródano y confina con el Garona, con el océano y con las fronteras de los Belgas; por el lado de los Secuanos y los Helvecios llega hasta el Rin, doblando luego hacia el Septentrión. Los Belgas comienzan en los últimos límites de la galia, se extienden hasta el curso inferior del Rin y están orientados al Septentrión y al Oriente. Aquitania llega desde el Garona a los pirineos y a aquella parte del océano que baña las costas de españa; Está orientada a poniente y a norte.

Julio César, *Guerra de las Galias*
Traducción de V. G. Yebra y H. Escolar

El Pueblo Español ama la fantasía y narra, a la manera Oriental, historias maravillosas. En las noches de Verano se agrupan en las puertas de sus casa, o alrededor de las grandes y profundas chimeneas de las ventas, durante el Invierno, escuchan con verdadero deleite las Leyendas de Santos, las aventuras de los viajeros y las hazañas de los bandidos y contrabandistas. A ello contribuye el abrupto aspecto del País en algunos parajes, la escasa difusión de la cultura, la escasez de temas interesantes de conversación y la aventurera y romántica vida que necesariamente se lleva en una Tierra donde los viajes se realizan aún como antaño, aumenta esta inclinación por las narraciones de viva voz y a que, lo que contienen de increíble y extravagante produzca un fuerte impacto en la mente.

El tema más popular y persistente y con mayor raigambre en el País, es el de los tesoros enterrados por los Moros. Al atravesar las escarpadas Sierras, escenario de antiguas hazañas y acciones de Guerra, se ve alguna atalaya morisca levantada sobre peñascos o dominando alguna Aldea construida sobre las rocas; Si sentís curiosidad por saber algo de ella y preguntáis a vuestro arriero, dejará de fumar su cigarrillo para relataros alguna Leyenda de un tesoro Musulmán oculto bajo sus cimientos; Y los alcázares ruinosos de cualquier Ciudad, tienen todos su dorada tradición que se transmite de generación en generación por las gentes humildes del contorno.

Estas tradiciones, como la mayoría de las ficciones populares, están basadas en algún fundamento por pequeño que sea. Durante las guerras entre Moros y Cristianos, que turbaron esta Comarca por espacio de siglos, Ciudades y Castillos se veían expuestos a cambiar de dueño bruscamente, y sus habitantes, mientras duraba el sitio y los asaltos, tenían que ocultar su dinero y alhajas en la Tierra, o esconderlo en las bóvedas y en los pozos [...]. Una vez expulsados los Moriscos, muchos ocultaron también sus bienes más preciados, creyendo que su exilio sería pasajero y que podrían regresar en un futuro no muy lejano a recuperar sus tesoros. Hay constancia de que se ha descubierto casualmente, de vez en cuando, algún que otro escondrijo de Oro y Plata, después de muchos Siglos, entre las ruinas de las fortalezas y las viviendas Árabes: Motivo son hechos aislados de esta índole, para dar nacimiento a un sinnúmero de fábulas.

Las leyendas así nacidas se caracterizan por su matiz Oriental y se distinguen por esa mezcla de Muslín y Cristiano que, en mi opinión, es la característica principal en españa [...]. Los tesoros ocultos se hallan casi siempre bajo el poder de un mágico hechizo o guardados por un encantamiento o talismán, unas veces custodiados por monstruos extraños o fieros dragones, y otras, por Moros encantados sentados junto a ellos, con su armadura y desenvainadas las espadas, pero inmóviles como estatuas, montando una perenne guardia durante siglos.

Dadas las peculiares circunstancias de su historia, la alhambra es, naturalmente, fuente inagotable para las consejas populares de este género, habiendo contribuido en gran parte a confirmarlas el hallazgo de las reliquias alguna que otra vez.

Gustavo Adolfo Bécquer, *Tradiciones*

6. En la siguiente lista las palabras están todas en minúscula,
   mas hay algunas que deben ir en mayúscula, y otras que
   dependiendo del contexto llevarán mayúscula o minúscula.
   Póngalas según crea conveniente y explique la razón.

luna	barroco	áfrica
sol	pirineos	calle Serrano
oeste	alpes	música
tierra	rouseeau	barcelona
agua	alá	francés
este	gaditano	francia
pueblo	sábado	planta
buenos aires	siglo xv	manzana
religión	cádiz	caballo
sur	lunes	ana
río	jesucristo	juan
cristiano	alfonso el sabio	gómez
biblioteca	usted	mediterráneo
museo	beethoven	marzo
norte	cubiertos	abril
mar	martes	nochebuena
támesis	ropa	mayo
holandeses	pedro	nochevieja
calle	nalón (río)	dos de enero
plaza	chilenos	junio
holanda	chile	miércoles
danubio	europeo	domingo
camino	europa	julio
renacimiento	sr.	agosto
antonio	lleida	viernes
espíritu santo	sra.	septiembre
libro	fernando vii	octubre
belgas	ud.	noviembre
bélgica	tío	diciembre
estados unidos	jacobo	febrero
jehová	garcilaso el inca	otan
siglo xx	cicerón	unesco
estadounidense	africano	fifa

Soluciones

1.

La organización mundial de la salud (OMS) alertó ayer del peligro de que una neumonía que se detectó en China a finales del mes de febrero, y que ya ha afectado a otros países, pueda expandirse a otros lugares. La preocupación por esta enfermedad, que ya ha causado nueve muertos, aumentó ayer en Francfort (Alemania), donde un viajero que viajaba de Singapur a Nueva York tuvo que ser hospitalizado y puesto en cuarentena cuando su avión hizo escala en aquella ciudad, ante el temor de que hubiese contraído esta neumonía.

El hospitalizado es un doctor que trató en Singapur uno de los primeros casos de la extraña neumonía. A su llegada a Francfort mostraba los síntomas habituales de esta enfermedad: fiebre alta, cefaleas, irritación de la garganta, dificultades para respirar. Esta neumonía ha sido denominada como síndrome agudo en las vías respiratorias (SARS). Otros 155 pasajeros del mismo vuelo no continuaron el viaje y también están en observación. Al resto de los viajeros y a la tripulación se les permitió seguir tras ser examinados por los médicos. Si se confirman las sospechas, las personas que están en observación permanecerán en cuarentena siete días para que se les pueda diagnosticar las posibles infecciones y evitar la propagación de la enfermedad.

El director de la OMS no escondió ayer su preocupación por esta enfermedad: «Este síndrome es ahora mismo una amenaza sanitaria mundial». Pidió que se trabaje conjuntamente para que se encuentre la causa, proteger a los enfermos y detener esta propagación. En su informe, la OMS pide que las personas que estén contagiadas queden en observación y aisladas, para poder evitar los contagios.

«Los informes que tenemos de los casos estudiados demuestran que los ataques son muy fuertes y que los síntomas avanzan con mucha rapidez. Cuando alguien enferma, enferma mucho», matizó el portavoz de la OMS. La OMS está realizando desde hace semanas estudios en los mejores laboratorios para descubrir si se trata de un virus o de una bacteria, pero de momento no se han obtenido los resultados esperados.

Los primeros casos de SARS se dieron en China, donde se detectó la enfermedad a 305 personas. Cinco murieron pocos días después. El jueves pasado murió un estadounidense en Hong Kong. La semana anterior había estado ingresado por la misma dolencia en un hospital de Hanoi y su paso por el centro médico contagió a 24 médicos y enfermeros. Una enfermera murió ayer y un médico sigue en estado muy grave. Canadá, Indonesia, Filipinas, Singapur, Tailandia y Vietnam son otros de los países donde se ha detectado algún brote de esta neumonía. En Canadá dos personas han muerto esta semana por la misma causa. Thompson comentó ayer que de momento se tienen contabilizados nueve muertos a causa del SARS en distintos países, lo que muestra el peligro de la expansión.

2.

China, Lleida, Llamar, Charo, Llamazares, Chema

3.

Las mayúsculas no sólo pueden llevar tilde sino que tienen que llevarla si así lo requiere la palabra en cuestión. Ejemplos: Álava, Álvaro...

4.

español	Guatemala
España	guatemalteco
(calle) Bailén	Ud.
Ebro	El Cairo
Atlántico	El Salvador
La Habana	S.E.
País Vasco	

5.

Cartas de mi sobrino

22 de marzo

Querido tío y venerado maestro:
Hace cuatro días que llegué a este lugar de mi nacimiento, donde he hallado bien de salud a mi padre, al señor vicario y a los amigos y parientes. El contento de verlos y de hablar con ellos, después de tantos años de ausencia, me ha embargado el ánimo y

me ha robado el tiempo, de suerte que hasta ahora no he podido escribir a usted.

Usted me lo perdonará.

Como salí de aquí tan niño y he vuelto hecho un hombre, es singular la impresión que me causan todos estos objetos que guardaba en la memoria. Todo me parece más chico, mucho más chico; pero también más bonito que el recuerdo que tenía. La casa de mi padre, que en mi imaginación era inmensa, es sin duda una gran casa de un rico labrador; pero más pequeña que el Seminario. Lo que ahora comprendo y estimo mejor es el campo de por aquí. Las huertas, sobre todo, son deliciosas.

Juan Valera, *Pepita Jiménez*

Regreso en este momento de visitar al dueño de mi casa. Sospecho que ese solitario vecino me dará más de un motivo de preocupación. La comarca en que he venido a residir es un verdadero paraíso, tal como un misántropo no hubiera logrado hallarlo igual en toda Inglaterra. El señor Heathcliff y yo podríamos haber sido una pareja ideal de camaradas en este bello país. Mi casero me pareció un individuo extraordinario. No dio muestra alguna de notar la espontánea simpatía que experimenté hacia él al verlo. Antes bien, sus negros ojos se escondieron bajo sus párpados, y sus dedos se hundieron más profundamente al anunciarle yo mi nombre.

—¿El señor Heathcliff?—le había preguntado.

Se limitó a inclinar la cabeza afirmativamente.

—Soy Lockwood, su nuevo inquilino. Me he apresurado a tener el gusto de visitarle para decirle que confío en que mi insistencia en alquilarle la Granja de los Tordos no le habrá molestado.

—La Granja de los Tordos es mía —contestó (...)

Emily Brontë, *Cumbres Borrascosas*

I. Toda la Galia está dividida en tres partes, de las cuales habitan una los belgas, los aquitanos otra, y la tercera los que en su lengua se llaman celtas y galos en la nuestra. Todos éstos difieren entre sí por el lenguaje, las costumbres y las leyes. El río Garona separa a los galos de los aquitanos; el Marne y el Sena, de los belgas.

Los belgas son los más fuertes de todos éstos, porque distan *muchísimo de la cultura y civilización de la provincia, y porque muy pocas veces los comerciantes van a ellos y llevan aquellas cosas que tienden a afeminar los ánimos, y porque son los más próximos a los germanos, que habitan tras el Rin, con los cuales están constantemente en guerra. Éste es también el motivo de que los helvecios aventajen en valor a los demás galos, porque luchan con los germanos en combates casi diarios, alejándolos de sus fronteras, o haciendo la guerra en sus tierras. La parte que ocupan los galos comienza en el Ródano y confina con el Garona, con el océano y con las fronteras de los belgas; por el lado de los secuanos y los helvecios llega hasta el Rin, doblando luego hacia el Septentrión. Los belgas comienzan en los últimos límites de la Galia, se extienden hasta el curso inferior del Rin y están orientados al Septentrión y al Oriente. Aquitania llega desde el Garona a los Pirineos y a aquella parte del océano que baña las costas de España; está orientada a Poniente y Norte.*

César, *Guerra de las Galias*

El pueblo español ama la fantasía y narra, a la manera oriental, historias maravillosas. En las noches de verano se agrupan en las puertas de sus casa, o alrededor de las grandes y profundas chimeneas de las ventas, durante el invierno, escuchan con verdadero deleite las leyendas de santos, las aventuras de los viajeros y las hazañas de los bandidos y contrabandistas. A ello contribuye el abrupto aspecto del país en algunos parajes, la escasa difusión de la cultura, la escasez de temas interesantes de conversación y la aventurera y romántica vida que necesariamente se lleva en una tierra donde los viajes se realizan aún como antaño, aumenta esta inclinación por las narraciones de viva voz y a que, lo que contienen de increíble y extravagante produzca un fuerte impacto en la mente.

El tema más popular y persistente y con mayor raigambre en el país, es el de los tesoros enterrados por los moros. Al atravesar las escarpadas sierras, escenario de antiguas hazañas y acciones de guerra, se ve alguna atalaya morisca levantada sobre peñascos o dominando alguna aldea construida sobre las rocas; si sentís curiosidad por saber algo de ella y preguntáis a vuestro arriero, dejará de fumar su cigarrillo para relataros alguna leyenda de un tesoro musulmán oculto bajo sus cimientos; y los alcázares ruinosos de cualquier ciudad, tienen todos su dorada tradición que se transmite de generación en generación por las gentes humildes del contorno.

Estas tradiciones, como la mayoría de las ficciones populares, están basadas en algún fundamento por pequeño que sea. Durante las guerras entre moros y cristianos, que turbaron esta comarca por espacio de siglos, ciudades y castillos se veían expuestos a cambiar de dueño bruscamente, y sus habitantes, mientras duraba el sitio y los asaltos, tenían que ocultar su dinero y alhajas en la tierra, o esconderlo en las bóvedas y en los pozos [...]. Una vez expulsados los moriscos, muchos ocultaron también sus bienes más preciados, creyendo que su exilio sería pasajero y que podrían regresar en un futuro no muy lejano a recuperar sus tesoros. Hay constancia de que se ha descubierto casualmente, de vez en cuando, algún que otro escondrijo de oro y plata, después de muchos siglos, entre las ruinas de las fortalezas y las viviendas árabes: motivo son hechos aislados de esta índole, para dar nacimiento a un sinnúmero de fábulas.

Las leyendas así nacidas se caracterizan por su matiz oriental y se distinguen por esa mezcla de muslín y cristiano que, en mi opinión, es la característica principal en España [...]. Los tesoros ocultos se hallan casi siempre bajo el poder de un mágico hechizo o guardados por un encantamiento o talismán, unas veces custodiados por monstruos extraños o fieros dragones, y otras, por moros encantados sentados junto a ellos, con su armadura y desenvainadas las espadas, pero inmóviles como estatuas, montando una perenne guardia durante siglos.

Dadas las peculiares circunstancias de su historia, la Alhambra es, naturalmente, fuente inagotable para las consejas populares de este género, habiendo contribuido en gran parte a confirmarlas el hallazgo de las reliquias alguna que otra vez.

Gustavo Adolfo Bécquer, Tradiciones

6.

luna: se pondrá en mayúscula (Luna) cuando se hable de ella como un astro, en los restantes casos se escribirá en minúscula.
sol: igual que luna.

oeste: se escribirá con mayúscula cuando se refiera a Oeste como punto cardinal, si no se escribirá en minúscula.

tierra: se escribirá con mayúscula cuando nos refiramos a Tierra como planeta; en los casos restantes se escribirá en minúscula.

agua: siempre minúscula.

este: igual que oeste.

pueblo: minúscula.

buenos aires: mayúscula siempre porque es un nombre propio: Buenos Aires.

religión: minúscula.

sur: como oeste.

río: minúscula

cristiano: minúscula.

biblioteca: en minúscula, salvo que se refiera a una institución: Biblioteca Nacional.

museo: minúscula salvo que se refiera a una institución: Museo Reina Sofía.

norte: como oeste.

mar: minúscula.

támesis: mayúscula porque es un nombre propio, es el nombre de un río: Támesis.

holandeses: minúscula siempre porque es un gentilicio.

calle: minúscula.

plaza: minúscula.

holanda: mayúscula porque es un nombre propio: Holanda.

danubio: mayúscula, es un nombre propio, el nombre de un río: Danubio.

camino: minúscula.

renacimiento: mayúscula porque es una época memorable: Renacimiento.

antonio: mayúscula porque es un nombre propio: Antonio.

espíritu santo: mayúscula porque las divinidades se escriben siempre en mayúscula: Espíritu Santo.

libro: minúscula.

belgas: minúscula, es un gentilicio.

bélgica: mayúscula, es nombre propio: Bélgica.

estados unidos: mayúscula, es nombre propio: Estados Unidos.

jehová: mayúscula, es una divinidad: Jehová.

siglo XX: siglo siempre en minúscula, pero XX en mayúscula porque los números romanos han de escribirse siempre en mayúscula.

estadounidense: minúscula, es un gentilicio.

barroco: mayúscula (como Renacimiento): Barroco.

pirineos: mayúscula, nombre propio, nombre de monte: Pirineos.

alpes: mayúscula, nombre propio: Alpes.

rouseeau: mayúscula, nombre propio (apellido): Rousseau.

alá: mayúscula, nombre de una divinidad: Alá.

gaditano: minúscula, gentilicio.

sábado: minúscula. Los nombres de los días siempre se escriben en minúscula.

siglo XV: como siglo XX.

cádiz: mayúscula, nombre propio: Cádiz.

lunes: como sábado.

jesucristo: mayúscula, divinidad: Jesucristo.

alfonso el sabio: Alfonso en mayúscula porque es nombre propio; Sabio en mayúscula porque los motes o apodos se escriben en mayúscula.

usted: minúscula.

beethoven: mayúscula, nombre propio: Beethoven.

cubiertos: minúscula.

martes: minúscula. Como sábado.

ropa: minúscula.

pedro: mayúscula, nombre propio: Pedro.

nalón (río): mayúscula, nombre propio: Nalón.

chilenos: minúscula, gentilicio.

chile: mayúscula, nombre propio: Chile.

europeo: minúscula, gentilicio.

europa: mayúscula, nombre propio: Europa.

sr.: mayúscula, pues las abreviaturas de los tratamientos de respeto se escriben con mayúscula: Sr.

lleida: nombre propio: Lleida.

sra.: Sra.

fernando vii: mayúscula, por ser nombre propio y porque los números romanos siempre se escriben en mayúscula: Fernando VII.

ud.: Ud.

tío: minúscula.

jacobo: mayúscula, nombre propio: Jacobo.

garcilaso el inca: Garcilaso el Inca. Como Alfonso el Sabio.

cicerón: mayúscula, nombre propio: Cicerón.

africano: minúscula, gentilicio.

áfrica: mayúscula, nombre propio: África.

calle serrano: calle Serrano. Nombre propio.

música: minúscula.

barcelona: mayúscula, nombre propio: Barcelona.

francés: minúscula, gentilicio.

francia: mayúscula, nombre propio: Francia.

planta: minúscula.

manzana: minúscula.

caballo: minúscula.

ana: mayúscula, nombre propio: Ana.

juan: mayúscula, nombre propio: Juan.

gómez: mayúscula, nombre propio, apellido: Gómez.

mediterráneo (mar): mayúscula, nombre propio (mar): Mediterráneo

marzo: minúscula, los nombres de los meses siempre se escriben en minúscula.

abril: como marzo.

nochebuena: mayúscula, porque ciertas fechas se escriben en mayúscula: Nochebuena.

mayo: como marzo.

nochevieja: Nochevieja

dos de enero: los días y los meses siempre en minúscula.

junio: junio

miércoles: miércoles

domingo: domingo

julio: julio

agosto: agosto

viernes: viernes

septiembre: septiembre

octubre: octubre

noviembre: noviembre

diciembre: diciembre

febrero: febrero

otan: siglas y acrónimos siempre mayúscula: OTAN.

unesco: como OTAN: UNESCO.

unicef: como OTAN: UNICEF.

Capítulo III

La sílaba

1. La sílaba

Las palabras se descomponen en sílabas.

ca-sa, pe-rre-ra, cho-co-la-te, ca-ble, ma-sa-je, ce-ni-ce-ro...

La sílaba en español puede estar formada por:
a) Un sonido: *a-gua*
b) Varios sonidos: *a-gua*

La sílaba siempre contiene una vocal, que o es el único sonido de la sílaba, como en el caso de la primera *a* de *a-gua*, o va acompañada de una o más consonantes: *no-gal*. Puede aparecer la vocal con otra vocal como en la segunda sílaba de *a-gua*.

Algunas palabras están formadas por una sola sílaba: son los denominados *monosílabos*.

sol, faz, cal, mar, ver, sí, no, sur, mi, tu, ir, bar, luz...

Según el número de sílabas que contenga una palabra hablaremos de:

- palabras bisílabas (dos sílabas): *ca-ma, co-che, ca-rro, ca-zo, va-ca, ma-la, vi-no...*

- palabras trisílabas (tres sílabas): *ca-sa-ca, ba-ti-do, man-za-na, be-bi-da...*

- palabras tetrasílabas (cuatro sílabas): *mo-li-ne-ra, la-va-do-ra, es-drú-ju-la...*

- palabras pentasílabas (cinco sílabas): *ca-sa-men-te-ra, be-ne-plá-ci-to...*

- palabras hexasílabas (seis sílabas): *ver-da-de-ra-men-te, ne-ga-ti-va-men-te...*

- palabras heptasílabas (siete sílabas): *an-ti-pe-da-gó-gi-co*

- palabras octosílabas (ocho sílabas): *an-to-no-más-ti-ca-men-te*

2. Sílabas abiertas y sílabas trabadas

Cuando una sílaba termina en vocal es una sílaba abierta.

ma-le-ta, no-gal, co-che, ma-rrón, pe-dal, ti-rar, so-plar...

Cuando una sílaba termina en consonante, entonces se trata de una sílaba trabada.

mo-ler, vi-vir, tras-la-dar, a-ca-bar, ac-ción, ac-ti-tud...

En los ejemplos, una de las palabras es *acción* y la hemos dividido en dos sílabas: *ac-ción*. Esto se debe a que la secuencia *-cc-* no pertenece a la misma sílaba. Ejemplos: *ins-truc-ción, fac-ción, trans-ac-ción, pu-tre-fac-ción...*

3. Diptongos

Llamamos *diptongo* a la unión de dos vocales en la misma sílaba. Esta unión puede ser:

a) Una vocal abierta (*a, e, o*) y una vocal cerrada (*i, u*). El orden es indiferente: puede ir primero la vocal abierta y luego la vocal cerrada o al revés. Lo que no es indiferente es la acentuación, pues la vocal cerrada no puede ser tónica en ningún caso.
Son diptongos, siempre que la vocal cerrada no sea tónica, las siguientes combinaciones de vocales abiertas y cerradas: *ai, au, ei, eu, oi, ou, ia, ie, io, ua, ue, uo*.

caigo, causo, veinte, fiambre, muerte, suerte...

Las palabras de los ejemplos contienen todas un diptongo, ya que se unen una vocal abierta y una vocal cerrada en la misma sílaba, y la vocal cerrada no es tónica.

b) Dos vocales cerradas (*i, u*) también pueden formar un diptongo: *ui, iu*.

viuda, ciudad...

El hecho de que aparezca una *h* intercalada no es obstáculo para formar diptongo. Así, en la palabra *ahu-ma-do* existe diptongo aunque haya una *h* entre la *a* y la *u* que forman el diptongo.

4. Triptongos

Se forma un *triptongo* cuando son tres (en lugar de dos, como en el diptongo) las vocales que se pronuncian en la misma sílaba. Estas vocales han de ser:

a) Una abierta (*a, e, o*), que debe ocupar la situación intermedia de las tres vocales que forman el triptongo.

b) Dos cerradas (*i, u*), entre las que se sitúa la vocal abierta. Ninguna de las dos vocales cerradas puede ser tónica.

apaciguáis, desperdiciéis, limpiáis, sitiáis...

En los tres casos la vocal abierta *a* (*apaciguáis*), *e* (*desperdiciéis*), *a* (*sitiáis*) ocupa el lugar intermedio entra las dos vocales cerradas que en ningún caso son tónicas, pues de serlo ya no habría triptongo.

5. Hiatos

Llamamos *hiato* a dos vocales que estando juntas se pronuncian en sílabas distintas. Ejemplo: *te-a-tro*.
Un hiato puede estar constituido por:

a) Dos vocales abiertas distintas (*a, e, o*): *ca-e-mos, te-a-tro, be-a-to...*

b) Dos vocales abierta iguales: *Sa-a-ve-dra...*

c) Vocal abierta (*a, e, o*) y vocal cerrada (*i, u*), o vocal cerrada y vocal abierta.

lí-a, vi-ví-a, pú-a, dí-a, mí-o, mí-a...

La *h* intercalada no es obstáculo para formar hiato.

prohíben, ahúman...

6. División silábica

a) Una consonante entre dos vocales formará sílaba con la segunda de las vocales.

ca-ma, ba-ta, ma-ta, ca-pa, co-pa, lo-ma, la-de-ra...

En los ejemplos, las consonantes que se encuentran entre dos vocales: *m* (*cama*), *t* (*bata*), *p* (*capa*), *d* (*ladera*), *r* (*ladera*) forman sílaba con la segunda vocal, no con la que antecede a la consonante: *ma* (*ca-ma*), *ta* (*ba-ta*), *pa* (*ca-pa*), *de* (*la-de-ra*), *ra* (*la-de-ra*).

b) Cuando *p, b, f, g, c* van seguidas de *l* o *r* constituyen la misma sílaba.

ca-fre, co-bro, ca-ble, cres-ta, gra-ve, pro-me-sa, pla-ga...

Excepciones: ciertas palabras en las que la *b* no forma sílaba con *r* o *l* al pronunciarse. Ejemplo: *sub-ra-yar*.

c) Forman sílaba *t* y *d* cuando van seguidas de *r*.

tra-ba-jar, dre-nar, tram-pa, trom-pa, drás-tico, dra-ma, tre-ta, tru-co, ca-te-dral, ma-dre, pa-dre, tra-po...

d) Dos consonantes juntas, que no sean las citadas en el punto anterior, forman sílabas distintas.

ca-ma-ro-te, bo-te-lla, ca-mi-sa, co-che, te-le-vi-sor, to-ma-te, at-las, at-letis-mo, at-le-ta...

e) Cuando las dos consonantes juntas aparezcan a principio de palabra pertenecen a la misma sílaba.

psi-co-sis, gno-mo, psi-có-lo-ga...

f) Cuando aparecen tres consonantes seguidas y la última de ellas es *l* o *r*, la primera de las tres formará parte de otra sílaba.

con-fron-tar

g) Cuando tres consonantes aparecen seguidas pero la última no es *l* o *r*, las dos primeras consonantes formarán una sílaba diferente de la que formará la tercera.

ins-pec-ción, ins-tau-rar, abs-trac-ción...

7. División de palabra a final de línea

A la hora de dividir la palabra al final de la línea hay que respetar siempre la sílaba; es decir que no se puede partir una sílaba en ningún caso.

Las pautas a seguir para dividir correctamente la sílaba a final de renglón son las siguientes:

a) Nunca debe partirse una sílaba.

b) Los diptongos y triptongos no pueden dividirse.

c) Dado que el grupo *-cc-* forma sílabas distintas: *ac-ción*, podemos hacer esa división a final de línea.

d) Las letras *ch, rr, ll* no pueden separarse nunca.

e) No debe dejarse una vocal suelta a final de línea, aunque tal vocal forme una sílaba, como es el caso de *a-gua*. Es decir que en este caso no podríamos dividir esta palabra a final de renglón, pues al constar sólo de dos sílabas y una de ellas ser una vocal la división daría lugar a una vocal suelta y esto debe evitarse.

Ejercicios

1. **Divida en sílabas las siguientes palabras:**

tablero	suave	academia
peine	psicoterapia	español
recobrar	reclamar	guatemalteco
deshacer	ver	mercería
púa	incremento	cerrajería
madrileño	tabla	perspectiva
agua	admirable	abrigo
teatro	orilla	falda
psicología	anden	escuela
subrayar	transgresión	colchón
cable	caminen	colchoneta
estudiáis	transgredir	carricoche
postromántico	calle	preceptivo
chapuza	apto	precepto
despreciáis	valle	texto
orilla	angustia	flexo
hablar	rábano	piojo
artista	apio	peinaremos
transferir	manzana	inspector
deshilachar	chaqueta	inspectora
inspección	tíos	fracasar
acción	puesto	fracasaría
caballo	pues	valía
desacreditar	dáselo	costaría
extravagante	gorro	subliminal
atletismo	cuidaremos	ortografía
abstracción	viudos	parche
fuerte	lamía	carta
correr	bebía	
callar	puntúo	

2. **Explique qué es un diptongo y ponga cuatro ejemplos.**

3. **Explique qué es un triptongo y ponga cuatro ejemplos.**

4. **Explique qué es un hiato y ponga cuatro ejemplos.**

5. ¿Cómo se dividirían las siguientes palabras si estuvieran a final de línea y hubiera que partirlas? Haga la partición en la última sílaba.

acción	tenía	naciente
sabiduría	salía	desahuciar
suave	jugaba	comió
cachalote	bailaré	peonza
averiguáis	atestiguéis	rueda
atlético	salió	cigarrillo
abstracción	puntúo	atlas
paella	hecho	jarcha
atracción	comía	bache
adoración	hallo	barra
trago	vivía	jarra
héroe	escribió	
había	nació	

6. Escriba cuatro monosílabos.

7. Ponga ejemplos de:

   a) Palabra bisílaba
   b) Palabra trisílaba
   c) Palabra tetrasílaba
   d) Palabra pentasílaba
   e) Palabra hexasílaba

Soluciones

1.

ta-ble-ro	sua-ve	dá-se-lo
pei-ne	sua-ve	a-ca-de-mia
re-co-brar	psi-co-te-ra-pia	es-pa-ñol
des-ha-cer	re-cla-mar	gua-te-mal-te-co
pú-a	in-cre-men-to	a-bri-go
ma-dri-le-ño	ta-bla	fal-da
a-gua	ad-mi-ra-ble	mer-ce-rí-a
te-a-tro	o-ri-lla	ce-rra-je-rí-a
psi-co-lo-gí-a	ver	pers-pec-ti-va
sub-ra-yar	an-den	pre-cep-ti-vo
ca-ble	ca-mi-nen	pre-cep-to
es-tu-diáis	trans-gre-dir	tex-to
post-ro-mán-ti-co	trans-gre-sión	es-cue-la
cha-pu-za	ca-lle	col-chón
des-pre-ciáis	va-lle	col-cho-ne-ta
o-ri-lla	an-gus-tia	ca-rri-co-che
ha-blar	ap-to	ins-pec-tor
ar-tis-ta	a-pio	ins-pec-to-ra
ins-pec-ción	rá-ba-no	fle-xo
ac-ción	man-za-na	pio-jo
ca-ba-llo	cha-que-ta	pei-na-re-mos
des-a-cre-di-tar	tí-os	va-lía
trans-fe-rir	pues-to	cos-ta-ría
des-hi-la-char	pues	sub-li-mi-nal
ex-tra-va-gan-te	go-rro	fra-ca-sar
at-le-tis-mo	cui-da-re-mos	fra-ca-sa-rí-a
abs-trac-ción	viu-dos	or-to-gra-fí-a
fuer-te	la-mí-a	car-ta
co-rrer	be-bí-a	par-che
ca-llar	pun-tú-o	

2. Diptongo: unión de dos vocales en la misma sílaba. Esta unión puede ser:

a) Una vocal abierta (a, e, o) y una vocal cerrada (i, u), sin que la

cerrada sea tónica: suave, fuerte...
b) Dos vocales cerradas (i, u) diferentes: ruido, huido...

3. **Triptongo:** unión de tres vocales en la misma sílaba, siendo la vocal abierta la que ocupe un lugar central entre dos cerradas, que nunca serán tónicas: averiguáis, despreciáis, limpiáis, superáis...

4. **Hiato:** dos vocales seguidas que se pronuncian en sílabas diferentes: teatro, beato, meollo, lía, pía...

5.

ac-ción	te-nía	na-ció
sabidu-ría	sa-lía	nacien-te
sua-ve	juga-ba	desahu-ciar
cachalo-te	baila-ré	peon-za
averi-guáis	atesti-guéis	rue-da
atléti-co	sa-lió	cigarri-llo
abstrac-ción	pun-túo	at-las
pae-lla	he-cho	ba-rra
atrac-ción	ha-llo	ja-rra
adora-ción	vi-vía	jar-cha
tra-go	co-mía	ba-che
hé-roe	co-mió	
ha-bía	escri-bió	

6.

Sal, mar, son, sol.

7.

b) Cama
c) Belleza
d) Teléfono
e) Honestamente
f) Verdaderamente

Capítulo IV

La acentuación

1. El acento

Todas las palabras tienen acento, porque todas acumulan la entonación en una sílaba. Es decir que esa sílaba se pronuncia con mayor intensidad que las demás sílabas de la palabra.

Por ejemplo, en la palabra *llama* el acento recae sobre la primera *a*.

Sin embargo, no vemos una tilde sobre la primera *a* y eso sucede porque no todas las palabras llevan tilde aunque todas posean acento. La tilde es el acento gráfico, es decir, el acento que escribimos sobre la letra (vocal) que ha de llevarlo.

La sílaba sobre la que recae el acento es llamada sílaba tónica, y las restantes, las que no tienen acento, sílabas átonas.

2. La tilde

Llamamos tilde al signo ortográfico (´) que ponemos sobre la sílaba acentuada, siempre una vocal. No todas las palabras llevan tilde, porque para que la lleven han de obedecer a unas normas ortográficas.

3. Normas de acentuación

Se dividen las palabras en cuatro clases dependiendo del lugar sobre el que recae el acento. Y éstas son las normas según las cuales llevarán o no tilde:

• Palabras agudas. Son agudas aquellas palabras cuyo acento recae en la última sílaba.

jamón, salón, matar, serás, Madrid, Perú...

Todas las palabras de los ejemplos son agudas porque todas tienen el acento en la última sílaba, mas no todas llevan tilde. Sólo las palabras agudas terminadas en vocal (*maté, será, bebé, mamá, papá*) o en *n* o *s* (*jamón, cantarás, camión, compás*) llevarán tilde.

No llevarán tilde cuando acabando en *s* ésta vaya precedida por otra consonante. Ejemplo: *robots*.

• Palabras llanas o graves. Son aquellas palabras cuyo acento recae en su penúltima sílaba.

basta, calla, canario, imbécil, frágil, casa, losa...

Las palabras de los ejemplos son llanas porque el acento recae en la penúltima sílaba, sin embargo no todas llevan tilde. Únicamente la llevan aquellas terminadas en consonante que no sea *n* o *s*.

imbécil, árbol, ágil, frágil, Cádiz, móvil, váter...

Excepciones: cuando la palabra llana termine en *s* precedida ésta de consonante llevará también tilde. Ejemplos: *bíceps, tríceps...*

• Palabras esdrújulas. Son esdrújulas las palabras que llevan el acento en la antepenúltima sílaba.

róbame, mátame, llévame, destrúyeme, teléfono, telégrafo, teleférico, válvula, crápula, bárbaro...

Como vemos en los ejemplos, todas llevan tilde. Esto es así porque las palabras esdrújulas siempre llevan tilde.

• Palabras sobresdrújulas..Llamamos sobresdrújulas a aquellas palabras cuyo acento recae en alguna sílaba anterior a la antepenúltima.

envuélvamelo, cuéntemelo, quédatelo...

Al igual que las esdrújulas, las palabras sobresdrújulas siempre llevan tilde.

4. La acentuación en los monosílabos

Son monosílabos las palabras que constan de una sola sílaba; por ejemplo: *té, ser, ya, es, sol, mí, ti, se, lo, la, le, nos, os...*
En general no llevan tilde, pues sólo se escriben con tilde determinados monosílabos susceptibles de ser confundidos con otros que escribiéndose igual significan diferente, siendo la tilde la forma de establecer una diferenciación.

Quiero un té.
Ayer te vi en casa de Manuela.

Así pues, salvo en los casos que se muestran en la siguiente tabla, los monosílabos no se acentuarán gráficamente.

4.1. *Los monosílabos y la tilde diacrítica*

Como ya se ha explicado, la tilde en los monosílabos se usa para diferenciar dos monosílabos que tienen idéntica forma pero distinto significado. Esta tilde se denomina tilde diacrítica.

(1) *Tú vendrás a trabajar mañana.*
(2) *Tu prima está enferma.*

En el caso (1) *tú* lleva tilde, diferenciándose así del *tu* del caso (2) que no la lleva. En el ejemplo (1) el monosílabo es un pronombre y en el ejemplo (2) es un determinante.

A continuación se muestran todos los monosílabos que llevan tilde diacrítica, entendiéndose así que todos lo que no aparezcan en la tabla no llevarán tilde.

Con tilde	*Sin tilde*
Tú: pronombre personal, (razón por la que ha de ir solo, sin acompañar a palabra alguna en la oración).	**Tu:** determinante posesivo (como todo determinante, ha de acompañar a un nombre).
Tú sabrás lo que haces.	*Tu padre lo sabe todo ya.*
Tú quieres que yo suspenda, ¿verdad?	*Tu perro ha estado ladrando.*
Tú eres mi novio.	*Tu falda es muy bonita.*
Mí: pronombre personal.	**Mi:** determinante posesivo.
Eso es para mí.	*Mi casa es tu casa.*
Dame las camisas a mí.	*Mi vecina protesta constantemente.*
Me lo prometiste a mí.	*Mi problema es que olvido todo.*
Sí: pronombre personal.	**Si:** conjunción.
Lo hace todo por sí misma.	*Si bebes no conduzcas.*
Sí: adverbio de afirmación.	*Si quieres te acompaño a casa.*
Sí, claro que iré contigo.	*Si apruebas te doy un premio.*
	Si te apetece cómetelo.

Con tilde	Sin tilde
Él: pronombre personal. *Él quiere que yo vaya allí.* *Él dijo que todo saldría bien.* *Él lo sabía.*	**El:** determinante artículo determinado. *El niño está llorando.* *El gato está en la terraza.* *El verdadero drama lo tienes tú.*
Sé: 1.ª persona del singular, presente de indicativo, verbo saber. *Sé muy bien lo que has hecho.* **Sé:** 2.ª persona del singular del imperativo, verbo ser. *Sé buena en casa de Mario.*	**Se:** pronombre personal. *Se lo he dado a Mónica.* *Se lo ha contado todo ya.* *Se cortaron el pelo el uno al otro.* *Se lava las manos constantemente.* *Se han prestado los apuntes.*
Té: bebida, infusión. *Quiero un té con leche.* *El té es una bebida excitante.* *Los españoles no toman tanto té como los ingleses.*	**Te:** pronombre personal. *Te lo he dicho mil veces.* *Te lo daré a ti, será mejor.* *Te lo cuento pero tendrás que guardar el secreto.*
Ó: conjunción. Lleva tilde sólo cuando aparece entre dos cifras numéricas. *¿Quieres 5 ó 6?* Aclaración: esta norma se justifica en la escritura manual, en que puede confundirse la o con el cero, pero no en tipografía: 5 o 6 es bien diferente de 5 0 6. Por tanto, puede prescindirse de la tilde. **Dé:** verbo dar. *Deseo que lo dé todo.* *Usted, dé ahora mismo al guardia su DNI.* *Dé sus datos, por favor, a la secretaria.*	**O:** conjunción disyuntiva, siempre sin acento salvo en el caso expuesto, es decir cuando se encuentre entre dos cifras numéricas. El resto nunca lleva tilde. *¿Estudias o trabajas?* *¿Bebes o no bebes?* *¿Saldrás o te quedarás en casa?* *¿Eres Juan o eres Pedro?* **De:** preposición. *Iré de Madrid a Viena.* *De aquí a la eternidad hay un paso.* *No hay mucha distancia de tu casa a la mía.*
Más: expresa cantidad. *Dame más pan.* *Necesito más tiempo.* *Te quiero más cada día que pasa.*	**Mas:** equivale a pero. *Quise decirlo, mas no pude.* *Fui a hacerlo, mas ella me lo impidió.* *Lo hubiera hecho, mas tú no quisiste.*

5. Los demostrativos y la tilde diacrítica

a) Pronombres demostrativos

• Masculino
Singular: éste, ése, aquél
Plural: éstos, ésos, aquéllos

Éste / ése / aquél es mi hijo Juan.
Éstos / ésos / aquéllos son los padres de mi primo Juan.

• Femenino
Singular: ésta, ésa, aquélla
Plural: éstas, ésas, aquéllas

Ésta / ésa / aquélla es mi nieta Juanita.
Éstas / ésas / aquélla son las hermanas de mi mejor amiga.

• Neutro
esto, eso, aquello

Esto / eso no es justo.
Aquello no fue justo.

Los pronombres demostrativos, como pronombres que son, nunca acompañan a palabra alguna, siempre van solos. Ésta es la diferencia fundamental entre pronombre y determinante.

Pues bien, el pronombre demostrativo, tal y como se ha visto en la tabla, lleva tilde cuando es masculino y femenino, tilde que lo diferencia del determinante demostrativo que carece, como se verá a continuación, de tilde. El pronombre demostrativo neutro no lleva tilde porque no puede confundirse con determinante alguno ya que no existe determinante demostrativo neutro.

b) Determinantes demostrativos

• Masculino
Singular: este, ese, aquel
Plural: estos, esos, aquellos

Este / ese / aquel niño es mi hijo pequeño.
Estos / esos / aquellos perros son de Antonia.

• Femenino
Singular: esta, esa, aquella
Plural: estas, esas, aquellas

Esta / esa / aquella falda es muy fea.
Estas / esas / aquellas camisas están pasadas de moda.

Vemos en los ejemplos que los determinantes siempre acompañan a un nombre.

Se han esquematizado los demostrativos, determinantes y pronombres, con la intención de mostrar la diferencia que existe entre ambos, dado que su forma es idéntica (salvo en el caso de los pronombres neutros, que no tienen sus iguales en los determinantes). Por esta razón los pronombres demostrativos, tal y como puede verse en el apartado **a)**, llevan tilde diacrítica (pues sirve para diferenciarlos de los determinantes). Los únicos pronombres demostrativos que no llevan tilde diacrítica son los neutros, y se debe a que, como ya se explicó, no existen determinantes demostrativos neutros, luego no existe la posibilidad de confusión.

Hay que aclarar que según la Real Academia Española los pronombres demostrativos llevarán tilde de manera obligatoria en los contextos donde puedan ser confundidos con determinantes. Ahora bien, se puede poner dicha tilde siempre que sean pronombres. Los que nunca la llevarán serán los determinantes demostrativos.

pronombre demostrativo	*determinante demostrativo*
Ésta es mi casa.	*Esta casa es una ruina.*
Éstas son todas mis joyas.	*Estas cosas ocurren a veces.*
Aquél fue un buen año.	*Aquel año fue muy bueno.*
Aquéllos parecen Juan y Pepa.	*Aquellos días fueron maravillosos.*
Ése es Jaime, ¿verdad?	*Ese niño va a acabar conmigo.*
Ésos son unos gamberros.	*Esos gamberros viven en mi barrio.*
Aquélla es la camisa más bonita.	*Aquella vez te enfadaste mucho.*
Aquéllas son mis alumnas.	*Aquellas tardes las recordaré siempre.*
Éste es mi coche.	*Este coche es el mío.*
Éstos serán los hombres de mañana.	*Estos niños son el futuro.*

6. Los interrogativos y exclamativos

Los interrogativos y exclamativos *dónde, adónde, cómo, cuándo, qué, quién, cuál* y *cuán* llevan tilde. Y la llevan cuando van entre interrogaciones o exclamaciones, pues es entonces cuando son pronombres interrogativos y exclamativos.

> *¡Dónde irás!*
> *¿Dónde vas a estas horas?*
> *¡Cómo te atreves a hacerme esto!*
> *¿Cómo dices?*
> *¡Cuándo cambiarás!*
> *¿Cuándo vendrán los primos de Olga?*
> *¡Qué barbaridad!*
> *¿Qué has hecho con mis libros?*
> *¡Quién pudiera!*
> *¿Quién ha llamado a la puerta?*
> *¿Cuál de ellos vendrá hoy?*

Llevarán también tilde diacrítica también cuando su sentido sea interrogativo aunque no vayan entre interrogaciones o exclamaciones:

> *Dime cuándo cambiarás.*
> *Me preguntó qué quería.*
> *Explícame cómo puedo hacerlo.*

En los restantes enunciados, es decir, cuando no sean exclamativos o interrogativos se escribirán sin tilde.

> *Juan dice que yo no sé sumar.*
> *Cuando lleguen, avísame.*
> *Como tú no lo haces, pues lo haré yo.*
> *Sea cual sea el problema, resuélvelo ahora mismo.*

La tilde diferencia así a los interrogativos y exclamativos de los pronombres con la misma forma pero no con el mismo sentido.

7. Otras palabras con tilde diacrítica

Además de los monosílabos, los demostrativos, los interrogativos y los exclamativos hay otras palabras que llevan tilde diacrítica para diferenciarse así de otras palabras que tienen su misma forma pero distinto significado.

En la siguiente tabla se muestran dichas palabras:

Con tilde	Sin tilde
Aún: 'todavía'.	**Aun:** 'incluso'.
Juan no ha llegado aún (todavía).	*Aun (incluso) viniendo tú, nada se*
¿Aún (todavía) no has hecho la cama?	*resolverá.*
Aún (todavía) es pronto para salir.	*Aun (incluso) prometiéndome que todo*
Aún te faltan por hacer tres ejercicios.	*cambiará, no volvería contigo.*
Sólo: equivale a 'solamente'.	**Solo:** adjetivo.
Sólo te he pedido que me acompañes	*Iré yo solo a la fiesta.*
al médico.	*Vete tú solo si quieres.*
Sólo sé que no sé nada.	

8. La acentuación en los diptongos

En el capítulo anterior (apartado 3) estudiamos el diptongo, y quedó definido como dos vocales pronunciadas en la misma sílaba (abierta + cerrada / cerrada + abierta / cerrada + cerrada).

caucho, llueve...

Respecto a la acentuación gráfica del diptongo hay que decir que responderá a las reglas de acentuación. Ejemplos: *comáis, bebáis, temáis, salgáis...* Las palabras de los ejemplos son agudas y terminadas en s, por lo tanto llevan la tilde en la letra correspondiente aunque ésta forme parte de un diptongo.

Dado que para la formación del diptongo, cuando éste está formado por una vocal abierta y otra cerrada (o viceversa), se requiere que el acento no recaiga nunca sobre la vocal cerrada (*i, u*), será la vocal abierta (*a, e, o*) la que llevará la tilde, si es que debe llevarla de acuerdo con las normas de acentuación.

amáis, cantáis, vengáis, tomáis, bebéis, queréis...

En el caso de que el diptongo se haya formado con dos vocales cerradas será la segunda la que llevará la tilde.

cuídate

9. La acentuación en los triptongos

Llamamos triptongo, tal y como los hemos definido en el capítulo anterior, a tres vocales que se pronuncian en la misma sílaba, y que han de ser: una vocal abierta entre dos cerradas.

Al igual que sucedía en los diptongos, la acentuación en los triptongos se realizará de acuerdo con las normas de acentuación.

averiguáis

Los triptongos siempre llevarán la tilde sobre la vocal abierta (*a, e, o*).

estudiéis, aliviáis, adecuáis...

10. La acentuación en los hiatos

Llamamos hiato a dos vocales que estando juntas se pronuncian en sílabas diferentes. Pueden estar formados por dos vocales abiertas; o dos vocales iguales; o una abierta átona y una cerrada tónica (o viceversa).

Siguen las reglas normales de acentuación los hiatos formados por dos vocales iguales o los formados por vocal abierta + vocal abierta (se entiende que abiertas las dos, pero distintas).

caótico, león...

Los hiatos formados por una vocal abierta átona y una vocal cerrada tónica (o viceversa) siempre llevan tilde. Es decir que no responden a las reglas de acentuación, o no siempre responden, pues sea o no indicada la tilde según las normas de acentuación, los hiatos formados por vocal abierta átona y vocal cerrada tónica (o viceversa) siempre llevan tilde.

país, maíz, raíz, oír, mía, lía, pía...

11. Casos especiales

11.1. *Adverbios terminados en -mente*

Los adverbios en -*mente*, formados siempre a partir de un adjetivo (*buena - buenamente, honesta - honestamente*), llevarán la tilde cuando le corresponde llevarla al adjetivo del que derivan; si éste no la lleva, se escribirán sin tilde.

feliz - felizmente
real - realmente
básica - básicamente
fácil - fácilmente
difícil - difícilmente
honesta - honestamente
verdadera - verdaderamente
lenta - lentamente

11.2. Palabras compuestas

Dentro de las palabras compuestas podemos hablar de palabras compuestas sin guión y palabras compuestas con guión.

compuestas sin guión	*compuestas con guión*
carricoche, matasuegras, parachoques, parabrisas, matarratas, lavaplatos, lavavajillas, rioplatense...	*franco-alemán, ítalo-argentino, histórico-artístico, hispano-alemán, hispano-francés, bielo-ruso...*

11.2.1. Palabras compuestas sin guión

Las palabras compuestas sin guión vienen a ser, tal y como se ha visto en la tabla de ejemplos, una sola palabra, así que la acentuación en ellas será la normal, sin importar cómo se acentuaban sus componentes por separado.

En el caso, por ejemplo, de *rioplatense* la primera palabra *río* tenía tilde en la *í*, mas al pasar a formar parte de una palabra compuesta sin guión, el acento ya no recae sobre la *i* de *río* sino sobre la *e* de *platense*, y al ser palabra llana terminada en vocal las normas de acentuación impiden que lleve tilde.

11.2.2. Palabras compuestas con guión

En este caso se conservará la tilde de las palabras que forman la compuesta con guión.

hispano-francés, histórico-artístico...

En el primer ejemplo, *francés* llevaba tilde y por tanto la conserva aunque forma parte de una palabra compuesta, pues al llevar guión se respeta la tilde o su ausencia.

En el segundo ejemplo las dos palabras llevan tilde por separado y la mantienen en la palabra compuesta con guión.

11.3. *Palabras extranjeras*

Si la palabra extranjera se ha adaptado totalmente a nuestra lengua llevará tilde cuando así lo manden las reglas de acentuación, mas si la palabra extranjera no se ha adaptado no llevará en ningún caso tilde.

váter, vagón...

Las dos palabras de los ejemplos se han adaptado completamente a nuestra lengua, y por lo tanto llevan tilde.

Ejercicios

1. Ponga tilde donde sea necesario:

«Si somos capaces de abrir los ojos para abarcar mas horizonte y ver lo casi inabarcable, si ponemos en marcha acciones al servicio de nuestra voluntad de cambiar las cosas, si el camino por recorrer nos permite en ese mismo proceso alterar nociones preconcebidas o incluso alterar el futuro, podemos alcanzar la utopia de girar el rumbo del destino». Asi define la cineasta catalana Maria Ripoll las ambiciosas intenciones y contenido de su cuarta e inesperada pelicula, «Utopia», un thriller futurista, espiritual y de accion, que se estrena este viernes.

Definir la nueva pelicula de Ripoll resulta tan complejo como clasificar a esta inquieta cineasta de los sentimientos intangibles. Si abordo las dudas sentimentales de un corazon loco en «Lluvia en los zapatos» (1998) y la emocionalidad gastronomica en «Tortilla Soup», ahora quiere mostrar en imagenes jamas antes vistas en nuestro cine la posibilidad de desafiar al Mal y la muerte y alterar el futuro para posibilitar la salvacion de la Humanidad «en estos dias mas amenazada que nunca», subraya.

«El contexto inesperado del estreno de Utopia me ha sumido en un estado de perplejidad. Se trata de una pelicula que opera como metafora de la vida ofreciendo una propuesta esperanzadora y llega a la pantalla en un tiempo de destruccion y de muerte: la guerra. A la vejez estoy a punto de dar a luz a mi hijo, un proyecto que me produce una enorme felicidad y a la vez me pregunto que le depara un futuro que hoy es tan incierto». Efectivamente, Ripoll se encuentra en el sexto mes de preproduccion de su mas ambicioso proyecto: el nacimiento de su primer hijo.

Beatrice Sartori [EL MUNDO,
Cultura, 19 de marzo de 2003]

2. Ponga tilde donde sea necesario:

camion	amame	imbecil
cabeza	verdad	habian
lamento	salon	esperanos
fia	querria	estupida
lamentacion	diria	listo
averigueis	volveria	atractivo
tazon	teatro	habiamos
lia	capaz	botella
esdrujula	capacitacion	jugarian
verdaderamente	sol	lapiz
limpiais	ambicion	copa
gratamente	diselo	faz
solamente	habia	caliz
moriras	helado	sal
dia	helice	Maria
atrocidad	sala	Jose
cuentame	arbol	pua

3. Ponga tilde donde sea necesario:

Le gustaba el mes de abril. Pero a veces tambien le inco-modaba. Quiza no se tratase del mes, sino del hombre, que amaba demasiado a la vida. Y el hombre pensaba que la inco-modidad o la comodidad, como las plantas, nacen, viven y se desarrollan. Tambien, como la madre del hombre, de David, ya muerta tras no pocas horas de arrepentimiento, de novenas, de promesas al Cristo de Medinaceli. Su madre, la madre de David. La viuda guapa. Oyo David a los pocos dias de fallecer su padre esta frase: «Es demasiado guapa para ya ser viuda». Pero el unico hijo no entendio del todo lo que aquello queria decir. Mas adelante, si. Ahora, tambien.

Pero aquello ya paso. David tambien pasaria, penso David. Y siguio paseando. Le gustaba pasear. Era el mes de abril que, aquel año, no tenia nada de risueño. Las niñas jugaban y cantaban tris-tes en las plazas de la ciudad. Y paseando David se encontraba a si mismo. Repasaba la vida andando, penetrando en las iglesias pobres, sentandose en los bancos viejos, acudiendo a oler el olor del Botanico mientras se hacia de noche. Frecuentemente llegaba hasta la calle del Almendro, silenciosa y humilde, para recordar

despues lo que alguien dijo de esta calle:
«¡Ay, que calle, Dios mio,
la del Almendro!
Entristecida y rota,
pero con cielo.»
Y el cielo que cubria la calle del Almendro realmente era un cielo especial, un cielo purificado por la melancolia y por el abandono de los hombres. Tal vez todo era igual en la vida y en las calles.

[Fragmento del relato *El viento se acuesta al atardecer*,
José Luis Martín-Abril]

Soluciones

1.

«Si somos capaces de abrir los ojos para abarcar más horizonte y ver lo casi inabarcable, si ponemos en marcha acciones al servicio de nuestra voluntad de cambiar las cosas, si el camino por recorrer nos permite en ese mismo proceso alterar nociones preconcebidas o incluso alterar el futuro, podemos alcanzar la utopía de girar el rumbo del destino». Así define la cineasta catalana María Ripoll las ambiciosas intenciones y contenido de su cuarta e inesperada película, *«Utopía»*, un thriller futurista, espiritual y de acción, que se estrena este viernes.

Definir la nueva película de Ripoll resulta tan complejo como clasificar a esta inquieta cineasta de los sentimientos intangibles. Si abordó las dudas sentimentales de un corazón loco en *«Lluvia en los zapatos»* (1998) y la emocionalidad gastronómica en *«Tortilla Soup»*, ahora quiere mostrar en imágenes jamás antes vistas en nuestro cine la posibilidad de desafiar al mal y la muerte y alterar el futuro para posibilitar la salvación de la humanidad *«en estos días más amenazada que nunca»*, subraya.

«El contexto inesperado del estreno de Utopía me ha sumido en un estado de perplejidad. Se trata de una película que opera como metáfora de la vida ofreciendo una propuesta esperanzadora y llega a la pantalla en un tiempo de destrucción y de muerte: la guerra. A la vejez estoy a punto de dar a luz a mi hijo, un proyecto que me produce una enorme felicidad y a la vez me pregunto qué le depara un futuro que hoy es tan incierto». Efectivamente, Ripoll se encuentra en el sexto mes de preproducción de su más ambicioso proyecto: el nacimiento de su primer hijo.

Beatrice Sartori [EL MUNDO,
Cultura, 19 de marzo de 2003]

2.

camión	esdrújula	cuéntame
cabeza	verdaderamente	ámame
lamento	limpiáis	verdad
fía	gratamente	salón
lamentación	solamente	querría
averigüéis	morirás	diría
tazón	día	volvería
lía	atrocidad	teatro

117

capaz	sala	botella
capacitación	árbol	lápiz
sol	imbécil	cáliz
ambición	habían	copa
díselo	estúpida	faz
había	listo	sal
helado	jugarían	púa
espéranos	atractivo	María
hélice	habíamos	José

3.

Le gustaba el mes de abril. Pero a veces también le incomodaba. Quizá no se tratase del mes, sino del hombre, que amaba demasiado a la vida. Y el hombre pensaba que la incomodidad o la comodidad, como las plantas, nacen, viven y se desarrollan. También, como la madre del hombre, de David, ya muerta tras no pocas horas de arrepentimiento, de novenas, de promesas al Cristo de Medinaceli. Su madre, la madre de David. La viuda guapa. Oyó David a los pocos días de fallecer su padre esta frase: «Es demasiado guapa para ya ser viuda». Pero el único hijo no entendió del todo lo que aquello quería decir. Más adelante, sí. Ahora, también.

Pero aquello ya pasó. David también pasaría, pensó David. Y siguió paseando. Le gustaba pasear. Era el mes de abril que, aquel año, no tenía nada de risueño. Las niñas jugaban y cantaban tristes en las plazas de la ciudad. Y paseando David se encontraba a sí mismo. Repasaba la vida andando, penetrando en las iglesias pobres, sentándose en los bancos viejos, acudiendo a oler el olor del Botánico mientras se hacía de noche. Frecuentemente llegaba hasta la calle del Almendro, silenciosa y humilde, para recordar después lo que alguien dijo de esta calle:

«¡Ay, qué calle, Dios mío,
la del Almendro!
Entristecida y rota,
pero con cielo.»

Y el cielo que cubría la calle del Almendro realmente era un cielo especial, un cielo purificado por la melancolía y por el abandono de los hombres. Tal vez todo era igual en la vida y en las calles.

Fragmento del relato *El viento se acuesta al atardecer*,
José Luis Martín-Abril

Capítulo V

Signos de puntuación

1. La puntuación

Para expresarse correctamente por escrito es imprescindible un buen manejo de los signos de puntuación, pues un texto en el que la coma, el punto, el punto y coma, los dos puntos, etc., no estén bien empleados dará como resultado un texto incorrecto. Y no sólo eso, pues de la puntuación depende muchas veces que el sentido de lo escrito sea el pretendido y no otro. Así que la importancia de la puntuación no es ya únicamente una cuestión de corrección ortográfica, sino que supone también una cuestión de poder decir lo que realmente se quiere decir.

Si yo escribo: *Los niños, que llegaron tarde, no han sido castigados se entiende*, debido a las comas, que todos los niños llegaron tarde. Sin embargo, si en lugar de poner tales comas las omito el resultado sería éste: *Los niños que llegaron tarde no han sido castigados*. En este último caso se entiende que sólo algunos (no todos como en el anterior ejemplo) llegaron tarde.

2. Los signos de puntuación

En la siguiente lista se muestran todos los signos de puntuación existentes:

punto	.
dos puntos	:
puntos suspensivos	...
coma	,
punto y coma	;
dos puntos	:
barra	/
raya	—
guión	-
paréntesis	( )
corchetes	[ ]
comillas	' ', " ", « »

diéresis   ¨
asterisco   *
llaves   { }
signos de interrogación ¿ ?
signos de exclamación ¡ !

3. El punto

El punto debe escribirse inmediatamente después de la última letra que lo precede, sin dejar espacio.

Hay tres tipos de punto: el punto y seguido, el punto y aparte y el punto final.

Aparte de estos tres puntos, se emplea también este signo de puntuación tras las abreviaturas.

Sr., Sra., Srta., Ud., Ecmo., Excma.

3.1. *Punto y seguido*

Marca el punto y seguido el final de una oración. Comienza otra oración inmediatamente después de este punto, por eso se llama punto y seguido. Ahora bien, hay que dejar un espacio entre el punto y la primera letra de la siguiente oración, y ningún espacio entre la última letra antes del punto y el punto.

Me llamo Amalia. Tengo diez años...

Entre *Amalia* y el punto no hay espacio, sin embargo entre el punto y *Tengo* debe haber, como en el ejemplo, un espacio.

Marca, pues, el punto y seguido un cambio de oración; pero la siguiente oración ha de continuar la idea central que se trataba en la oración anterior, pues el punto y seguido no indica cambio de idea, sino de oración, marcando una pausa. Al cambiar de oración algo puede cambiar en el contenido; se puede tratar, por ejemplo, otro aspecto pero del mismo tema o idea central de la oración anterior. En el ejemplo Amalia seguía hablando de sí misma, describiéndose, mas primero decía su nombre y luego, en la siguiente oración, su edad. Así pues, la idea continúa, pero el aspecto que se trata es otro.

Ejemplo de varias oraciones separadas por punto y seguido, con un punto final al término, lo que constituye el denominado párrafo:

Me llamo Amalia Gómez Pérez. Tengo diez años y medio. Vivo en Madrid pero nací en un pueblecito de Córdoba. Y la verdad, prefiero Madrid, me gusta más.
Mis padres se llaman...

El primer párrafo está formado por cuatro oraciones separadas por punto y seguido. Todas se refieren a la niña Amalia. Al cambiar de idea o tema, es decir, al pasar a hablar de los padres y dejar de hacerlo de Amalia se pone punto y aparte para marcar el final de un párrafo y una idea o tema, y el comienzo de un nuevo párrafo y una nueva idea o tema.

3.2. *Punto y aparte*

Como se acaba de explicar, el punto y aparte separa párrafos y también ideas o temas.

Cuando ponemos punto y aparte debemos cambiar de renglón y comenzar el nuevo dejando espacio entre el inicio de la línea y el inicio del nuevo párrafo.

Esta semana he tenido dos exámenes. Creo que los dos me han salido muy bien, así que supongo que los aprobaré. Con suerte hasta saco buena nota.
La semana que viene me darán las vacaciones y si todo ha salido como espero me iré a París. Yo no lo conozco, pero mis padres sí y dicen que es una maravilla. Ojalá pueda ir.
Paloma, mi prima, no está tan contenta como yo, porque piensa que a lo mejor suspende dos exámenes. Y si es así, no podrá irse de vacaciones. Sus padres tenían pensado que fuera a Orlando, pero si no aprueba, no irá.

Son tres los párrafos que componen el texto, separados todos por punto y aparte. Vemos que hay que respetar el espacio entre el inicio del renglón y el inicio de la frase tras punto final.

3.3. *Punto final*

El punto final marca el fin de un texto. Es, pues, el último punto. En el ejemplo puesto en el apartado anterior, el punto final sería ese último punto, que va tras irá. Es decir que el punto final es el punto que cierra un texto.

3.4. *Errores a evitar referentes al uso del punto*

Señalamos aquí posibles errores en el empleo del punto:

• Cuando se usan paréntesis no debemos usar el punto dentro, sino siempre fuera, es decir, inmediatamente después del paréntesis de cierre.

Sabía que vendría. (Y ella, también).

El punto tiene que escribirse como en el ejemplo: detrás del paréntesis, nunca dentro. Hay una excepción y es cuando se trata de una abreviatura dentro de un paréntesis, en cuyo caso el punto ha de ir dentro del paréntesis.

(ibid.)

• Si se escriben corchetes [ ] en lugar de paréntesis, el punto en ningún caso podrá aparecer dentro, sino inmediatamente después del corchete de cierre, tal y como se hace con los paréntesis.

La obra tratada en la conferencia [La Regenta de Leopoldo Alas Clarín] se analizó en profundidad para llegar a una conclusión relevante.

• En caso de usar comillas es bastante frecuente encontrar el punto antes de las comillas de cierre, no obstante, debe ir el punto detrás de éstas.

Alguien dijo: «No se es mejor padre por eso».

• Si se trata del título de una obra, capítulo, cuadro, etc., no pondremos punto cuando se presenten solos; es decir, que cuando no estén inmersos en un texto no escribiremos punto.

La Regenta
Fortunata y Jacinta
Capítulo II: La conjunción

4. Dos puntos

Este signo presenta en no pocas ocasiones problemas a la hora de utilizarlo. Para que esto no suceda, debemos tener muy presente que los dos puntos se usan en los siguientes casos:

a) Para anunciar una enumeración o lista.

Tienes que comprar lo siguiente: pan, leche, azúcar y café.
El examen tenía dos partes: una teórica, otra práctica.

b) Para reproducir las palabras de alguien.

Juan dijo: «Si me tocas, te mato».
Tú dijiste: «Si apruebas, te regalo un coche».

c) En las cartas, instancias...

Queridos padres:
Estamos pasándolo estupendamente...
Estimado Jacobo:
No ha sido posible realizar su encargo, por lo que le pido disculpas y le ofrezco...

d) En los ejemplos.
El adjetivo siempre acompaña a un nombre: *Juan es un hombre guapo.*
El verbo 'haber' es el auxiliar en los tiempos compuestos: *he comido, has comido, ha comido, hemos comido, ha comido...*
Después de *por ejemplo*:
Los verbos de la segunda conjugación acaban siempre en *-er*, por ejemplo: *comer, beber, temer, hacer...*

e) En oraciones que finalizan con una conclusión de la propia oración.

Unos iban y otros venían, pero nadie se ponía de acuerdo: todo fue una pérdida de tiempo.
Allí no quedaba nadie, todos habían huido: el miedo apresó a todo el mundo.

f) Para expresar el efecto de una causa.

Llevaba enfermo toda la semana: no trabajó ni un día.
Ha estado sometido a una presión fuerte: ha caído enfermo.

5. Puntos suspensivos

Siempre que haya puntos suspensivos y éstos coincidan con el final de la oración se escribirá después de ellos la letra inicial de la primera palabra en mayúscula. Es decir que no se añadirá un cuarto punto para señalar el fin de la oración, pues los puntos suspensivos, si tras ellos se escribe mayúscula, ya marcan el fin de la oración.

Fue todo tan triste... Acabamos llorando todos.
Ha sido todo tan bonito... ¡Ojalá no hubiera acabado!

Si, por el contrario, los puntos suspensivos no cierran la oración se escribirá minúscula.

Creo, creo que... ya no te amo.
Dijo... que tu no estabas invitado a esa fiesta.

Si tras los puntos suspensivos va un signo de exclamación o de interrogación éste se escribirá tras el último punto suspensivo sin dejar espacio alguno.

¡Tu mirada está tan llena de...!   *¿Qué fue lo que...?*

Si los puntos suspensivos van tras un signo de interrogación o exclamación se escribirán inmediatamente después.

¿Crees que sabrá llegar?... Bueno, si no llega, ya llamará.

Cuando son los dos puntos lo que se escribe tras los puntos suspensivos, se escribirán inmediatamente después del último punto de los tres puntos suspensivos.

He comprado queso, jamón, chorizo...: todo lo que pediste.

Si es punto y coma el signo que se escribe tras los puntos suspensivos se hará de la misma manera que en el caso de los dos puntos, es decir, inmediatamente después del último punto suspensivo.

Te quise, te cuidé, te di mi cariño y mi atención, te escuché...;
en definitiva, te lo di todo.

Aclarada esta cuestión, analicemos los casos en los que se puede usar el signo de puntuación que nos ocupa.

Se usan puntos suspensivos en los siguientes casos:

a) Después de listas o enumeraciones no acabadas.

Pidió pan, leche, chocolate, carne, aceitunas, mantequilla...
Quiero amor, paz, alegría, felicidad, salud, trabajo...

b) Cuando se quiere dejar un enunciado en suspenso.

Era todo tan maravilloso... Demasiado para poder contarlo, las palabras nunca llegarían.
Fui tan buena con ellos... Y ellos han sido tan...

c) Para expresar titubeo, duda, miedo...

No, no digas... eso.
Creo, creo que... que tienes razón, y yo sobro aquí.
No... no lo sé, no... no me acuerdo.

d) Cuando se cita una frase de otra persona o un dicho o refrán y hay una parte que no se expresa.

Ella nunca da las gracias, y, oye, «a caballo regalado...», ya se sabe.
La conferencia fue aburridísima, sólo te digo que empezó así: «La lengua española es una lengua llena de riqueza, expresividad, posibilidades...».

e) Si estamos trascribiendo un texto y hay una parte que no reproducimos usamos en el lugar de la omisión tres puntos suspensivos entre corchetes o paréntesis. Así: [...] / (...)

Pasó una moto casi rozándome, y el ocupante volvió la cara para decirme no sé qué. Retrocedí aturdida. Miré [...], y vi a Lorenzo que me hacía gestos de susto y amenaza, señalándome la luz roja que no se acababa de apagar.

Carmen Martín-Gaite: *Lo que queda enterrado*

Los corchetes con los tres puntos suspensivos señalan que tras *Miré* y antes de *y vi* hay una parte del texto que se ha suprimido.

6. Coma

Mediante la coma se marca una pequeña pausa.

María, Pedro, Javier y Antonio fueron al cine.
Voy a necesitar escoba, recogedor, cubo y fregona.

En los ejemplos anteriores la coma sirve para marcar la pausa entre los distintos nombres que forman las listas o enumeraciones de personas que fueron al cine y de cosas que voy a necesitar (escoba, recogedor, cubo y fregona).

Nunca se pondrá coma entre sujeto y predicado.

Juan, es tonto.
Belén, ha venido desde muy lejos.

Sólo podrá ponerse coma entre sujeto y predicado si entre ambas partes de la oración hay un adverbio modificando la oración o una explicación o inciso.

Juan, que es tonto, no sabe ni usar la calculadora.
Belén, generalmente, viene a casa los sábados.

Pasemos a enumerar y explicar cuándo y cómo se usa la coma.

a) La coma se usa en enumeraciones como la de los ejemplos.

Ayer traje pan, leche, chocolate, maíz y mermelada.
Mañana tendrás aquí la lavadora, la secadora, el lavaplatos y el horno.
Ana, Marta, Mónica, Silvia y Rosa no participarán en el partido de fútbol.

b) No se pondrá coma cuando aparezca en la enumeración alguna de estas conjunciones: *y, e, o, u, ni.*

Mi padre, mi madre y mi hermano se fueron al campo.
¿Vendrá Pepe o Pedro?
Sergio, Elena e Inés se quedaron con ellos en casa.
¿Quieres éstas, ésas u otras?
Ni ella ni yo lo hemos roto.

Es decir, que debe evitarse la coma en los siguientes casos:

Marta, Rosa, y Juana...
Pedro, Antonio, o Carlos...
Debemos pues suprimir las comas ante *y, o:*
Marta, Rosa y Juana...
Pedro, Antonio o Carlos...

c) Se usa coma en enunciados como:

Unos bailaban, otros comían, algunos bebían y los demás jugaban.

Sabe que comerá bien, que vivirá bien, que estará cómodo.
Cuando llegues a casa, friegas los platos, los secas y los colocas.

Como vemos en los ejemplos, mediante la coma separamos fragmentos que podrían ir separados por *y*, pues es una suma de informaciones similares; no obstante, para no repetir dicha conjunción usamos la coma. Ahora bien, igual que en las enumeraciones: *café, leche, agua y vino*, no se pondrá nunca coma cuando aparezca *y, e, ni, o, u*. Sólo usaremos *y, o, u, ni* con coma delante cuando presente un contenido diferente.

Llegó, comió, durmió, y yo sin poder hacer nada.

d) Cuando se hace una aclaración en la oración, ésta deber ir entre comas.

Juan, que es muy listo, sabía perfectamente cómo convencerme.
Marta, la prima de Luisa, también vendrá a la fiesta.

e) Es obligatorio el uso de la coma con el vocativo.

Juan, ven aquí inmediatamente.
Anastasia, te he dicho mil veces que ordenes tu armario.

El vocativo realiza la función de llamada.

Tú, ven aquí ahora mismo.
Juan, cállate.
Ustedes, pasen a la sala inmediatamente.

f) Se usará coma cuando se omita un verbo, poniéndose en el lugar del verbo omitido.

Mónica vendrá y Juan, también.

En el ejemplo, la coma entre *Juan* y *también* señala la omisión del verbo *vendrá* que no se repite, pues no es necesaria tal repetición para que entendamos la oración.

Belén no quiere más carne y yo, tampoco.
María amó a Pedro con todas sus fuerzas; yo, a Jacobo.
Yo comeré aquí y tú, allí.

g) Debe colocarse coma entre el nombre y el apellido de una persona cuando su orden es apellido y nombre y aparecen en una lista.

Daudet, Alphonse
Borges, Jorge Luis
Delibes, Miguel
Seco, Manuel
Hernández, Miguel

h) Debe ponerse coma entre el lugar y la fecha.

Madrid, 3 de noviembre de 1980.
Santander, 4 de abril de 2003.

i) En la oración compuesta, se pone una coma normalmente ante los siguientes nexos:
• *Pero*:
Fui, pero tú no estabas.
• *Aunque*:
Estuve allí, aunque tú no te lo creas.
• *Mas*:
Lo haré como tú dices, mas no saldrá bien.
• *Sino*:
No lo hice como tú querías, sino como yo quería.
• *Así que*:
He aprobado todo, así que no podrás castigarme.
• *Conque*:
No estoy dispuesto a mantener a un vago, conque ya puedes buscar un trabajo.
• *Porque*:
Voy a ir a su casa, porque me da la gana.
• *Pues*:
Si no quieres que yo te lo explique, pues tú verás cómo lo vas a hacer.

j) Los siguientes adverbios (y similares) cuando encabezan una oración suelen llevar una coma tras ellos:
• *Generalmente*:
Generalmente, las cosas no marchan como uno quiere.
• *Efectivamente*:
Efectivamente, Juan ganó la apuesta que hicimos el mes pasado.
• *Finalmente*:
Finalmente, todo sucedió como deseábamos.

Si no encabezan la oración los adverbios antes señalados, van entre comas:

Las cosas, generalmente, no marchan como uno quiere.

Las expresiones *esto es, es decir, o sea* van entre comas o con una coma tras ellos si encabezan la oración.

Sabía lo que hacía, es decir, que lo hizo de manera consciente.

Es decir que lo hizo a sabiendas de que se enfadaría con ella.

7. Punto y coma

Es éste un signo que no se usa mucho, aunque debería usarse más, pues mediante el punto y coma tenemos la posibilidad de señalar una pausa que siendo mayor que la de la coma no llega a cerrar la oración como sucede con el punto. Se usa en los siguientes casos:

a) En las enumeraciones largas que incluyen elementos de distinto tipo, éstos se separan mediante punto y coma. Sirve para separar distintas enumeraciones, donde ya hay coma, que no forman parte de oraciones diferentes.

Juan llevará cuerdas, gomas y arneses; Bea llevará la comida, la bebida y los medicamentos; yo llevaré la tienda de campaña. Tú prepara los bocadillos, la tarta y las patatas; tu hermana, la bebida, el helado y los caramelos; yo, el resto.

b) En oraciones yuxtapuestas suele usarse punto y coma en el lugar del nexo.

No había otra salida para nosotras; lo hicimos por necesidad. La lluvia es demasiado fuerte; necesitaremos un paraguas.

c) Puede ponerse punto y coma delante de las siguientes locuciones (y otras que no se ejemplifican pero que son similares) cuando la oración sea larga, sin que lo sea demasiado, pues en ese caso no habrá punto y coma sino punto.
 • *Pero*:
Estuvo toda la mañana, toda la tarde, toda la noche y parte de la mañana de hoy buscándote por toda la ciudad y por las afueras; pero no consiguió encontrarte en ningún lugar.

- *Por consiguiente*:
Firmaste un contrato en el que no tenías derecho a vacaciones durante tres años y medio; por consiguiente, no me pidas dos días libres para irte a Marbella.
- *Mas*:
Te explicó que tenías que estudiar, trabajar, ser responsable, cuidar el piso que te alquiló, limpiar tu ropa todos los días y mantener tu vida organizada; mas tú no has hecho nada de eso en los tres años que te ha dado de plazo.
- *Aunque*:
Iremos Marta, Paloma, Sergio, Rafael y yo a verte a tu casa nueva cuando tú nos invites y quieras que vayamos; aunque, por lo visto, no pareces tener muchas ganas de que vayamos.
- *Sin embargo*:
Te aseguro que lo tenía todo preparado para salir mañana de Madrid y estar en Barcelona por la tarde para tu conferencia; sin embargo, todo ha salido al revés de como yo esperaba y, la verdad, no sé ni cómo pedirte perdón.

8. Signos de exclamación

Estos signos son los representados en la tabla al inicio del capítulo (¡ !). Se usan para enunciados exclamativos.

¡Qué suerte!
¡Qué bien!
¡Que te vaya bien!
¡Qué alegría me has dado!
¡Qué susto me diste!

El signo de exclamación de cierre (!) cuenta como punto, lo que hace que al aparecer este signo la oración se cierre y la palabra que vaya detrás del mismo deba ir en mayúscula.

¡Cuánto me alegro de verte! Hacía muchos años que no sabía nada de ti.
¡Qué suerte has tenido! Sólo había un premio y tú te lo has llevado.

Al contar el signo de exclamación de cierre como punto, nunca tras un signo de exclamación de cierre se pondrá punto.

Ejemplos de lo que no se debe hacer:

*¡*Qué suerte!. Te ha tocado el mejor premio.*
¿Qué bien!. Has venido a verme.

Las oraciones de los ejemplos tienen una incorrección, pues ambas llevan punto después del signo de exclamación de cierre y esto es del todo incorrecto. Lo correcto:

¡Qué suerte! Te ha tocado el mejor premio.
¡Qué bien! Has venido a verme.

Si no deseamos que la oración acabe donde está el punto del signo de exclamación de cierre, tendremos que poner una coma justo detrás de éste.

¡Qué suerte!, te ha tocado el mejor premio.
¡Qué bien!, has venido a verme.

Si nos encontramos con un signo de exclamación de cierre entre paréntesis en un enunciado significa sorpresa o ironía.

Juan vendrá a la fiesta (!), y eso que no ha sido invitado.
Dijo que era rubia (!), ¿tú te lo crees?
Y todavía piensa que es inteligente (!), y eso que le ha costado tres semanas entender que lo nuestro era ficticio.

Cuando son varias las exclamaciones que van seguidas hay dos opciones:
a) ¡Qué bien! ¡Qué suerte has tenido! ¡El mejor premio!
b) ¡Qué bien!, ¡qué suerte has tenido!, ¡el mejor premio!

Es decir que se pueden escribir sin comas entre ellas como en el primer ejemplo o con comas entre ellas como en el segundo.

Si en la oración que va entre exclamaciones hay un vocativo y está al principio de aquélla, estará fuera de la exclamación.

Juan, ¡ven aquí inmediatamente!
Pedro, ¡ya está bien!

Si el vocativo está al final de la oración se incluye en la exclamación.

¡Ven aquí inmediatamente, Juan!
¡Ya está bien, Pedro!

131

9. Signos de interrogación

Los signos de interrogación encierran una pregunta.

¿Cuándo vienes?
¿De dónde sales?
¿Quién es esa niña?
¿Cómo se arma este rompecabezas?
¿Qué quieres?
¿Cuál prefieres?

El signo de interrogación de cierre cuenta como un punto, igual que el de la exclamación, por lo que la palabra que siga a continuación deberá escribirse con la primera letra en mayúscula.

¿Qué quieres? Te lo pregunto porque llevas mirándome fijamente media hora.
¿Cuándo vienes? Si es hoy, puedo ir a buscarte a la estación.
¿Vendrás conmigo a la fiesta de Olga? Si no vas a venir, dímelo, por favor.

Al contar como punto el del signo de interrogación de cierre es incorrecto añadir uno más.

Incorrecto:
*¿Cuándo viene?. Yo creía que venía hoy.
*¿Qué pasa?. No paran de hacer ruido.
Correcto:
¿Cuándo viene? Yo creía que venía hoy.
¿Qué pasa? No paran de hacer ruido.

Si no queremos que se cierre la oración, tendremos que poner coma tras el signo de interrogación de cierre.

¿Cuándo vienes?, porque me ha dicho Juan que vienes hoy.
¿Qué quieres de mí?, porque la verdad no creo que pueda darte más.

Si en la oración donde se encuentra la pregunta hay un vocativo y está antes de la pregunta, éste se quedará fuera de los signos de interrogación.

Lorena, ¿qué pasa?
Luis, ¿qué haces?

Si el vocativo está al final, entonces se incluye en la pregunta.

¿Qué pasa, Lorena?
¿Qué haces, Luis?

Cuando hay varias preguntas cortas y seguidas existen dos opciones, las mismas que cuando son oraciones exclamativas cortas:
a) ¿Qué quieres?, ¿qué buscas?, ¿por qué estás aquí?
b) ¿Qué quieres? ¿Qué buscas? ¿Por qué estás aquí?

El signo de interrogación de cierre (?) entre paréntesis en una oración significa duda o en algunos casos ironía.

El novio de Ana tiene diez años (?) más que ella.
Si fuese con una de esas faldas rojas de su madre (?) a la fiesta todos se reirían.

10. Paréntesis

Los paréntesis ( ) se emplean para introducir aclaraciones, explicaciones o determinados datos en un enunciado.

Juan P. (1934-1999) fue un hombre bueno.
María (hija de Juan Bellota) se casará con un ingeniero.

Los signos de puntuación deben ir fuera del paréntesis, siempre que éstos no formen parte del mismo.

Juan P. (1934?-1999) fue un hombre...

En este ejemplo el signo de interrogación va dentro del paréntesis porque a él pertenece, pues expresa la duda acerca de la fecha de nacimiento.

Juan P. ¿nació en Madrid (España)?

• Se usan los paréntesis:

a) Para hacer una aclaración.

La vida de Lina (sólo vivió 34 años) fue una tortura a causa de su marido.
Es un gran escritor (esencialmente poeta) que merece el premio que ha recibido.

133

b) Cuando hay dos opciones.

El determinante artículo determinado femenino la(s) debe acompañar siempre a un nombre.
El pronombre personal ella(s) es el sujeto de esa oración.
Se necesita dependiente(a) para tienda de moda.

c) Para introducir en el enunciado algún dato.

Francisco A. (1678-1723) vivió siempre en México.
Nació en Madrid (España) y vivió allí toda su vida.

d) Al reproducir textos se escriben entre paréntesis tres puntos cuando se omite una parte del mismo.

A las cuatro de la tarde, la chiquillería de la escuela pública de la plazuela del Limón salió atropelladamente de clase, con algazara de mil demonios. Ningún himno a la libertad (...) es tan hermoso como el que entonan los oprimidos de la enseñanza elemental al (...) echarse a la calle piando y saltando.

Benito Pérez Galdós, *Miau*

La omisión de parte del texto puede también ir entre corchetes en lugar de paréntesis.

e) Se puede usar también paréntesis cuando al final de un texto se escribe su autor y su obra. Ejemplo: (Benito Pérez Galdós, *Miau*).

11. Corchetes

Los corchetes sirven para incluir en un texto alguna aclaración o explicación así como determinados datos.

Los signos de puntuación, salvo que pertenezcan a la aclaración hecha dentro de los corchetes, deberán, como en los paréntesis, estar fuera de los mismos.

• Uso de los corchetes:

a) Para introducir una aclaración dentro de un paréntesis, es decir, como un paréntesis dentro de otro paréntesis.

El escritor galardonado (hijo de Juan P. [1897-1945] nacido en Galicia) estará esta tarde en Madrid.

b) Cuando se reproduce un texto y se omite una parte del mismo, se pondrá en su lugar un corchete con tres puntos: [...]

A las cuatro de la tarde, la chiquillería de la escuela pública de la plazuela del Limón salió atropelladamente de clase, con algazara de mil demonios. Ningún himno a la libertad [...] es tan hermoso como el que entonan los oprimidos de la enseñanza elemental al [...] echarse a la calle piando y saltando.

Benito Pérez Galdós, *Miau*

c) En poemas cuyos versos no caben en la línea que les correspondería se usa un corchete.

sino con Divinidad;
mas, por ser tal su
*   [hermosura*
que sólo se ve por fe,

Al poner corchete delante de la palabra *hermosura* se entiende que ésta forma parte del verso anterior: *mas, por ser tal su hermosura.*

12. Guión

El guión es este signo: -, el cual no debe confundirse con el signo que veremos en el siguiente apartado: —, llamado raya. El guión, como puede apreciarse, es bastante más corto que la raya.
• Se usa:

a) Para dividir palabras en sílabas.

ca-ba-lle-te
re-loj
ca-ma

b) Para dividir palabras a final de línea.

Llegó tan pronto a la fiesta que aún no se había presentado na-die, así que tomó asiento y esperó pacientemente.

c) En palabras compuestas que aún no forman una sola palabra.

histórico-artístico
teórico-práctico

d) En gentilicios como:

franco-alemán
ítalo-argentino

Algunos gentilicios compuestos por dos palabras aparecen sin guión porque se han consolidado: *hispanoamericano*.

13. Raya

La raya, tal y como se ha explicado en el apartado anterior, es como el guión pero bastante más largo: —.
• Se usa:

a) Para hacer aclaraciones o dar explicaciones en un texto.

Ella —siempre tan guapa y elegante— entró en el salón mirando a Carlos a los ojos de esa manera tan especial, y supe que jamás podría competir con ella.
Cuando miré a Miriam —ella no podía verme a mí— me di cuenta de que su expresión no era la de una ladrona.
Aquel verano —el verano del 82— tú no eras más que un chico joven que apenas sabía algo de la vida.
Estaba sentado donde tú estás ahora —en ese sillón viejo y sucio— mirando por la ventana cómo caía la lluvia sobre la gente.

b) Para señalar el diálogo.

—¿Quién eres tú?
—Yo soy la persona que esperabas, ¿sabes?
—Pero yo estoy esperando a Julia...
—Yo soy Julia.

c) Para introducir las palabras y pensamientos de los personajes en una novela.

—Juana, ven —dijo Sara mirándome a los ojos.

Hay una raya de apertura y otra de cierre. Señala así el narrador lo que dijo el personaje.

—Yo no sé nada —contestó ella—. ¿De verdad creías que sabía algo?

136

—Sí, creía que sabías algo —dijo él—, si no nunca te lo hubiera preguntado.

—Puede que mañana salgamos a cenar con Rosa —dijo Sergio mientras doblaba la ropa—, si a ti te parece bien, claro.

Como se ve en los ejemplos, se escribe una raya cuando el personaje comienza a hablar:

—Puede que mañana...

Se escribe otra raya cuando el narrador nos dice quién habla:

salgamos a cenar con Rosa —dijo Sergio.

Si tras esto el personaje vuelve a hablar se escribe otra raya:

mientras doblaba la ropa—, si a ti te parece bien, claro.

Si la intervención del personaje es sólo una frase se escribe una raya al inicio y otra cuando acaba de hablar y el narrador nos dice quién hablaba:

—Estoy cansada —dijo Raquel.

14. Comillas

Las comillas pueden ser de distintos tipos:
1. Comillas simples: ' '
2. Comillas españolas: « »
3. Comillas inglesas: " "

Se pueden usar cualquiera de las tres, simplemente hay que saber que si en un mismo texto han de aparecer varias partes entre comillas, éstas han de alternar.

Juana dijo: «La palabra 'jolines' es impropia de ti».
Berta dijo: «No conozco poema más hermoso que la 'Elegía' de Miguel Hernández».
• Uso de comillas:

a) Cuando se escriben frases o textos de otro autor.

Kavafis escribió: «Pero tanto pensar, tanto recuerdo aturde al anciano».

San Juan de la Cruz escribió: «No llora por pensar que está olvidado».

b) Cuando empleamos una palabra vulgar o de otra lengua.

Yo no quiero ir al cole, mamá, 'jo', no quiero.
Cuando eras pequeño decías 'murciégalos'.
Nos dijo que esperásemos en el 'hall'.

c) Si usamos una palabra con un sentido irónico o especial.

Ella siempre está inmersas en sus 'cosas'.

d) Cuando se escribe el significado de una palabra se pone entre comillas.

Significa 'dejar de hablar'.

e) En títulos de poemas, artículos, cuadros, etc.

Se sabe de memoria la 'Elegía' de Miguel Hernández.
¿Podrías leer en voz alta 'Palabras para Julia' de J. A. Goytisolo?

15. Diéresis

La diéresis se utiliza para que ciertas vocales en determinados contextos se pronuncien.

Cuando la consonante *g* va seguida de *u* + *e, i*: *guerra, guiso*, la *u* no se pronuncia. Para que dicha *u* se pronuncie, porque en algunas palabras ha de pronunciarse, se escribe la diéresis sobre la *u*.

argüir, cigüeña, antigüedad, lingüística...

16. Barra

La barra es un signo que se usa en casos muy concretos. Estos casos son los siguientes:

a) Cuando se trascriben versos de un poema en una línea, o más, de manera continuada, se usa la barra para marcar las separaciones de los versos.

Mil gracias derramando / pasó por estos sotos con presura / y yéndolos mirando / con sola su figura / vestidos los dejó de su hermosura.

San Juan de la Cruz, *Cántico espiritual*

b) En enunciados como los siguientes:

300 euros/mes
45 km/h

c) En la abreviatura de calle.

c/ Goya
c/ Serrano
c/ Sagasta

17. Asterisco

El asterisco se usa cuando queremos señalar que una oración, construcción o palabra es incorrecta. El asterisco se pondrá justo delante de la incorrección.

*me se cayó el tenedor (lo correcto: *se me cayó el tenedor*)
opino *de que tienes razón (lo correcto: *opino que tienes razón*)

Ejercicios

1. Puntúe el siguiente texto:

El pequeño ruido de la madrugada es el del coche que recoge las basuras de las casas el ruido no es pequeño ni breve ya que los hombres responsables de estos vehículos y de esta misión no paran el motor del camión durante el tiempo que dura la operación este ruido evita que se oigan las conversaciones que los empleados mantienen aunque no sus carcajadas y voces.

Fragmento del relato *El barrio*, José Luis Martín-Abril

2. Ponga coma donde considere necesario:

Tengo leche pan azúcar agua vino carne y pollo así que tengo de todo. No necesito que me traigas nada más porque con la comida que tengo me basta y me sobra para esta semana. Te preocupas demasiado por mí aunque no deberías hacerlo pues no soy un inútil ¿comprendes?

3. Escriba cinco oraciones que contengan dos puntos.

4. Corrija los errores de puntuación que hay en las siguientes oraciones.

Mi madre, es muy bella.
Capítulo VII: Los signos de puntuación.
Ella dijo: «Si bebes no conduzcas.»
Estaba tan triste, que ya ni notaba la tristeza (o la notaba demasiado.)
En la aquel papel de la nevera ponía claramente, haz la cama, limpia el salón, y friega los platos.

5. Ponga coma donde crea necesario:

La muerte de Roberto Murolo implica la desaparición del último patriarca de la canción napolitana. Al menos entendida según la tradición de la voz solar el recurso del falsete en los agudos y el acompañamiento semidesnudo de una guitarra.

Después vinieron las orquestas las tecnologías y los mestizajes pero Roberto Murolo no quiso reciclarse en los raíles del pop o del rock porque mantenía una vieja fidelidad a la vieja escuela la última.

Roberto Murolo hijo del poeta y compositor Ernesto Murolo nació en Nápoles a principios del siglo pasado. Pronto demostró sus dotes musicales. Estaba llamado a ser la gran figura de la canción napolitana pero sus primeros éxitos se produjeron con motivo de una gira europea que le entretuvo desde 1939 hasta 1946. Eran los años del cuarteto Midas los tiempos en que Murolo cantaba 'O sole mio' o frecuentaba el repertorio del cabaret.

La experiencia le curtió sobre el escenario y le sirvió de estímulo para iniciar una carrera en solitario en los años 50. Unas veces como estrella radiofónica y como actor circunstancial. Otras como revulsivo del mercado discotequero. Especialmente cuando llevó a cabo la antología de la canción napolitana en colaboración con Edoardo Caliendo.

Rubén Amón, EL MUNDO, 20 de marzo de 2003

Soluciones

1.

El pequeño ruido de la madrugada es el del coche que recoge las basuras de las casas. El ruido no es pequeño ni breve, ya que los hombres responsables de estos vehículos y de esta misión no paran el motor del camión durante el tiempo que dura la operación. Este ruido evita que se oigan las conversaciones que los empleados mantienen, aunque no sus carcajadas y voces.

Fragmento del relato *El barrio*, José Luis Martín-Abril

2.

Tengo leche, pan, azúcar, agua, vino, carne y pollo, así que tengo de todo. No necesito que me traigas nada más, porque con la comida que tengo me basta y me sobra para esta semana. Te preocupas demasiado por mí, aunque no deberías hacerlo pues no soy un inútil, ¿comprendes?

3.

- Hay que comprar: pan, leche, azúcar y cacao.
- Luis Rosales escribió en un poema: «La sonrisa es la manera/ del corazón, la aventura/ del silencio, el mar que huye/ bañando el labio de espuma».
- Querido amigo:
He recibido tu libro. Me ha parecido correcto, hermoso...
- Puedes traer, por ejemplo: manzanas, peras, cocos...
- Todo aquello fue demasiado desagradable: acabó con él.

4.

Mi madre es muy bella.
Capítulo VII: Los signos de puntuación
Ella dijo: «Si bebes no conduzcas».
Estaba tan triste, que ya ni notaba la tristeza (o la notaba demasiado).
En aquel papel de la nevera ponía claramente: haz la cama, limpia el salón y friega los platos.

5.

La muerte de Roberto Murolo implica la desaparición del último patriarca de la canción napolitana. Al menos, entendida según la tradición de la voz solar, el recurso del falsete en los agudos y el acompañamiento semidesnudo de una guitarra.

Después vinieron las orquestas, las tecnologías y los mestizajes, pero Roberto Murolo no quiso reciclarse en los raíles del pop o del rock, porque mantenía una vieja fidelidad a la vieja escuela, la última.

Roberto Murolo, hijo del poeta y compositor Ernesto Murolo, nació en Nápoles a principios del siglo pasado. Pronto demostró sus dotes musicales. Estaba llamado a ser la gran figura de la canción napolitana, pero sus primeros éxitos se produjeron con motivo de una gira europea que le entretuvo desde 1939 hasta 1946. Eran los años del cuarteto Midas, los tiempos en que Murolo cantaba 'O sole mio' o frecuentaba el repertorio del cabaret.

La experiencia le curtió sobre el escenario y le sirvió de estímulo para iniciar una carrera en solitario en los años 50. Unas veces como estrella radiofónica y como actor circunstancial. Otras, como revulsivo del mercado discotequero. Especialmente cuando llevó a cabo la antología de la canción napolitana en colaboración con Edoardo Caliendo.

Rubén Amón, EL MUNDO, 20 de marzo de 2003

Capítulo VI

Abreviaturas

1. Las abreviaturas

Antes de dar la lista de abreviaturas conviene hacer algunas aclaraciones. Las abreviaturas están en la siguiente lista escritas en mayúscula o minúscula dependiendo de cómo deban escribirse. De manera que si aparecen en mayúscula así es como deberá escribirlas el lector aunque sea en mitad de una oración. Detrás de las abreviaturas se escribe punto.

ibid., etc.

No siempre se escribe este punto, pues en ciertos casos tal punto no aparece; así sucede con los puntos cardinales.

N (Norte) S (Sur) E (Este) O (Oeste)

Los símbolos de los elementos químicos y de las unidades de medida también se escriben sin punto.

kg (kilogramo)

El hecho de que una palabra se escriba abreviada no quiere decir que se prescinda de la tilde si la lleva.

pág. (página)

Cuando la abreviatura esté formada por más de una palabra se separarán con una barra: /

c/c (cuenta corriente)

La barra a veces se usa en lugar del punto.

v/ (visto)

Cuando una abreviatura está formada por una letra y quiere ponerse en plural se puede repetir la letra en cuestión y se entenderá que se refiere al plural de la abreviatura.

pp. (páginas)

Cuando la abreviatura está formada por más de una letra su plural se hará añadiendo *-s* o *-es* según corresponda.

Dres. (doctores), Sres. (señores)...

2. Lista de abreviaturas

A

a	área
A	amperio(s)
A.	Alteza
AA.	Altezas
AA. VV.	autores varios
a/c	a cuenta
a. C.	antes de Cristo
Ac	actinio
A. D.	*anno Domini* (año del Señor)
a. de C.	antes de Cristo
a. de J. C.	antes de Jesucristo
admón.	administración
admr.	administrador
a/f	a favor
afma.	afectísima
afmo.	afectísimo
affma.	afectísima
affmo.	afectísimo
Ag	plata
a. J. C.	antes de Jesucristo
Al	aluminio
Alfz.	alférez
Almte.	almirante
Am	americio
a.m.	*ante meridiem* (antes del mediodía)
A.M.D.G.	*ad mairioem Dei gloriam* (a mayor gloria de Dios)
ap.	aparte
apdo.	apartado
Ar	argón
Arq.	arquitecto

art.	artículo
art.º	artículo
Arz.	arzobispo
As	arsénico
at	atmósfera(s) técnica(s)
At	astato
A. T.	Antiguo Testamento
atm	atmósfera(s) normal(es)
atte.	atentamente
atto.	atento
atta.	atenta
Au	oro
av.	avenida
avda.	avenida

B

B	boro
B.	beato
Ba	bario
Barna.	Barcelona
Bco.	Banco
Be	berilio
Bk	berkelio
Bi	bismuto
Bibl.	biblioteca
B.º	barrio
Bo.	barrio
Br	bromo
Br.	bachiller
Brig.	brigada
bs	bolívar(es) (moneda oficial de Venezuela)
bs	boliviano(s) (moneda oficial de Bolivia)
Bs. As.	Buenos Aires
Bta.	Beata
Bto.	Beato

C

c	centi-
c.	centavo

c.	capítulo
c.	calle
c/	calle
c/	cargo
c/	cuenta
C	culombio(s)
C	carbono
°C	grado Celsius
Ca	calcio
C.ª	compañía
cal	caloría(s)
Cap.	capital
Cap.	capitán
Cap.ª	capitana
cap.	capítulo
cap.º	capítulo
Cap. Fed.	capital federal
C.C.	casilla de correo
c/c	cuenta corriente
Cd	cadmio
Cdad.	ciudad
Ce	cerio
c.e.	correo electrónico
cent.	centavo
cent.	centésimo
cent.	céntimo de euro
cént.	céntimo
cf.	confesor
cf.	confer, compárese
c.f.s.	coste, flete y seguro
cg	centigramo(s)
cgo.	cargo
ch/	cheque
Ci	curio(s) (unidad de radiactividad)
C.I.	cédula de identidad
Cía.	compañía
C.ía	compañía
cl	centilitro(s)
Cl	cloro
cl.	calle

cm	centímetro(s)
cm^2	centímetro(s) cuadrado(s)
cm^3	centímetro(s) cúbico(s)
Cm	curio (elemento químico)
Cmdt.	comandante
Cmte.	comandante
Cnel.	coronel
Conel.ª	coronela
Co	cobalto
cód.	código
Cód.	código
col.	columna
Col.	colegio
Col.	coronel
Col.ª	coronela
com.ón	comisión
Comp.	compañía
Comte.	comandante
Contalmte.	contraalmirante
cp.	cómparese
C.P.	código postal
Cr	cromo
crec.	creciente
Cs	cesio
cta.	cuenta
cte.	corriente
Cte.	comandante
cts.	centavos
cts.	céntimos
ctv.	centavo
ctvo.	centavo
Cu	cobre
c/u	cada uno
CV	caballo(s) de vapor

D

d.	día
d	deci-
D.	don

D.ª	doña
da	deca-
dag	decagramo(s)
dal	decalitro(s)
dam	decámetro(s)
dB	decibelio
d.C.	después de Cristo
dcha.	derecha
dcho.	derecho
d. de C.	después de Cristo
d. de J. C.	después de Jesucristo
del.	delegación
D. E. P.	descanse en paz
depto.	departamento
desct.º	descuento
d/f	día fecha
D.F.	Distrito Federal
dg	decigramo
Diag.	diagonal (calle en Argentina)
dicc.	diccionario
Dir.	dirección
Dir.	director
Dir.ª	directora
dl	decilitro(s)
D. L.	depósito legal
dm	decímetro(s)
dm^2	decímetro(s) cuadrado(s)
dm^3	decímetro(s) cúbico(s)
D.m.	Dios mediante
doc.	documento
D.P.	distrito postal
dpto.	departamento
Dr.	doctor
Dra.	doctora
Dr.ª	doctora
dto.	descuento
dupdo.	duplicado
d/v	días vista
Dy	disprosio
dyn	dina(s)

E

E	exa-
E	Este
e/	envío
e.c.	era común
e/c	en cuenta
ed.	edición
ed.	editor
Ed.	editorial
Edit.	editorial
ef.	efectos
ej.	ejemplo
Em.ª	eminencia
e-mail	*electronic mail*
Emma.	Eminentísima
Emmo.	Eminentísimo
entlo.	entresuelo
e.p.d.	en paz descanse
Er	erbio
erg	ergio(s)
Es	einstenio
etc.	etcétera
Eu	europio
eV	electronvoltio(s)
Exc.ª	Excelencia
excl.	exclusive
Excma.	Excelentísima
Excmo.	Excelentísimo
Exma.	Excelentísima
Exmo.	Excelentísimo

F

F	flúor
F	faradio(s)
°F	grado(s) Farenheit
f.ª	factura
fasc.	fascículo
F. C.	ferrocarril

fca.	fábrica
Fdo.	firmado
Fe	hierro
FF. CC.	ferrocarriles
fig.	figura
Fm	fermio
f.	folio
f.º	folio
fol.	folio
Fr	francio
Fr.	fray
fra.	factura
ft	*foot, feet* ('pies': unidad de longitud)

G

g	gramo(s). Nunca *gr
g/	giro
G	giga-
G.	guaraní(es). Moneda oficial de Paraguay
Ga	galio
Gd	gadolinio
Gdor.	gobernador
Gdor.ª	gobernadora
Ge	germanio
g.p.	giro postal
g/p	giro postal
gr	grano
Gral.	general
Gs	gauss
gta.	glorieta
g.v.	gran velocidad
Gy	gray(s)

H

h	hora(s)
h	hecto-
H	henrio(s)
H	hidrógeno

H.	hermano, hermana en orden religiosa
Ha	hahnio
ha	hectárea(s)
He	helio
Hf	hafnio
hg	hectogramo(s)
Hg	mercurio
HH.	hermanos, hermanas (orden religiosa)
hl	hectolitro
hm	hectómetro(s)
hna.	hermana (en orden religiosa)
hno.	hermano (en orden religiosa)
Ho	holmio
hp	*horsepower* (caballo de vapor)
Hs	hassio
Hz	hercio(s)

I

I	yodo
ib.	*ibídem* (en el mismo lugar)
ibíd.	*ibídem*
íd.	*ídem*
i.e.	*id est* (esto es)
igl.ª	iglesia
Ilma.	Ilustrísima
Ilmo.	Ilustrísimo
Iltre.	Ilustre
imp.	imprenta
impr.	imprenta
impr.	impreso
in	pulgada(s)
In	indio
Ing.	ingeniero
Ing.ª	ingeniera
Inst.	instituto
Ir	Iridio
izda.	izquierda
izdo.	izquierdo
izq.	izquierda(o)

izqda.	izquierda
izqdo.	izquierdo

J

J	julio
J. C.	Jesucristo
Jhs.	Jesús (Cristo)
JHS	Jesús (Cristo)

K

k	kilo- (no debe escribirse *K)
K	kelvin
K	potasio
kc	kilociclo(s)
kg	kilogramo(s)
kl	kilolitro(s)
km	kilómetro(s)
km^2	kilómetro(s) cuadrado(s)
k.o.	fuera de combate
kp	kilopondio(s)
Kr	kriptón
Kv	kurchatovio
kW	kilovatio(s)

L

l	litro
L	litro
L/	letra de cambio
La	lantano
lb	libra(s) (peso)
Lda.	licenciada
Ldo.	licenciado
Li	litio
Lic.	licenciado(a)
Licda.	licenciada
Licdo.	licenciado

Lps.	lempira(s) (moneda de Honduras)
Lr	laurencio
Ltd.	limitado, limitada
Ltda.	limitada
Lu	lutecio

M

M	mega-
m	mili-
m	metro(s)
m^2	metro(s) cuadrado(s)
m^3	metro(s) cúbico(s)
M.	madre (orden religiosa)
máx.	máximo
Md	mendelevio
mb	milibar(es)
Mc	megaciclo(s)
Mercosur	Mercado Común del Sur
mg	miligramo
Mg	magnesio
min	minuto(s) (unidad tiempo)
mín.	mínimo
ml	mililitro(s)
mm	milímetro(s)
mm^2	milímetro(s) cuadrado(s)
mm^3	milímetros(s) cúbico(s)
MM.	madres (orden religiosa)
Mn	manganeso
m.n.	moneda nacional
Mo	molibdeno
Mons.	monseñor
mr.	mártir
ms.	manuscrito
Mt	meitnerio
Mx	maxwell(s)

N

n	nano-
n.	nota

N	newton(s)
N	nitrógeno
N	Norte
Na	sodio
Nb	niobio
N.B.	*nota bene* (nótese bien)
Nd	neodimio
N. del T.	nota del traductor
Ne	neón
Ni	níquel
n.º	número
No	nobelio
NO	Noroeste
Np	néper
Np	neptunio
nro.	número
ntra.	nuestra
ntro.	nuestro
Ns	nielsbohrio
N. S.	Nuestro Señor (Jesucristo)
N.ª S.ª	Nuestra Señora (Virgen María)
N. S. J. C.	Nuestro Señor Jesucristo
N. T.	Nuevo Testamento
Ntra. Sra.	Nuestra Señora (Virgen María)
núm.	número

O

O	oxígeno
O	Oeste
Ob.	obispo
ob. cit.	obra citada
op. cit.	*opere citato* (en la obra citada)
Os	osmio
oz	onza

P

p	pico-
p.	página

P	fósforo
P	peta-
P.	padre (orden religiosa)
P.	papa
P.	pregunta
Pa	pascal(es)
Pa	proactinio
p.a.	por autorización
p.a.	por ausencia
p.º	paseo
pág.	página
párr.	párrafo
Pat.	patente
Pb	plomo
Pbro.	presbítero
pc	parsec(s)
Pd	paladio
P.D.	posdata
pdo.	pasado
Pdta.	presidenta
Pdte.	presidente
p. ej.	por ejemplo
pg.	página
pl.	plaza
plza.	plaza
Pm	prometio
p.m.	*post meridiem* (después del mediodía)
P.M.	policía militar
Pnt.	pontífice
Po	polonio
p.o.	por orden
p/o	por orden
pp.	páginas
PP.	padres (orden religiosa)
ppal.	principal
Pr	praseodimio
pral.	principal
Presb.	presbítero
Prof.	profesor
Prof.ª	profesora

pról.	prólogo
prov.	provincia
Pt	platino
Pu	plutonio
pza.	plaza

Q

Qm	quintal(es) métrico(s)

R

R	roentgen(s)
R.	respuesta
R.	reverendo, reverenda
Ra	radio
rad	radián, radianes
Rb	rubidio
R.D.	Real Decreto
Re	renio
reg.	registro
Rep.	república
Rev.	reverendo
Rev.ª	reverenda
Rh	rodio
Rh	factor sanguíneo
Rn	radón
r.p.m.	revoluciones por minuto
RR.	reverendos, reverendas
Rt	rutherfordio
Rte.	remitente
Ru	rutenio
Rvda.	reverenda
Rvdo.	reverendo

S

s	segundo(s) (unidad tiempo). No: *sg
s.	siguiente

s.	siglo
S	Sur
S	azufre
S.	San, Santo.
S.ª	señora
s.a.	sin año (de impresión o edición)
s/a	sin año (de impresión o edición)
S. A.	Su Alteza
S. A.	Sociedad Anónima
S. A. I.	Su Alteza Imperial
S. A. R.	Su Alteza Real
S. A. S.	Su Alteza Serenísima
Sb	antimonio
Sc	escandio
s/c	su cuenta
s.c.	su casa
Sdad.	sociedad
S. D. M.	Su Divina Majestad
s.e.	sin (indicación de) editorial
s/e	sin (indicación de) editorial
Se	selenio
SE	Sudeste
S. E.	Su Excelencia
Ser.ma	Serenísima
Ser.mo	Serenísimo
s. e. u. o.	salvo error u omisión
s.f.	sin fecha
s/f	sin fecha
Sgta.	sargenta
Sgto.	sargento
Si	silicio
sig.	siguiente
s.l.	sin lugar
s.l.	sin lugar de edición
s/l	sin lugar de edición
S. L.	Sociedad Limitada
Sm	samario
S. M.	Su Majestad
s.n.	sin número
s/n	sin número

SO	sudoeste
Soc.	sociedad
SOS	llamada de socorro
S. P.	servicio público
sq.	y siguientes
sr	estereorradián, estereorradianes
Sr	estroncio
Sr.	señor
Sra.	señora
Sr.ª	señora
S. R. C.	se ruega contestación
S. R. M.	Su Real Majestad
Srta.	señorita
ss.	siguientes
ss.	siglos
S. S.	Su Santidad
SS. MM.	Sus Majestades
Sta.	Santa
Sto.	Santo
s.v.	bajo la palabra
s/v	bajo la palabra

T

t	tonelada
T	tesla(s)
T	tera-
t.	tomo
T.	tara
Ta	tantalio
Tb	terbio
Tc	tecnecio
Te	telurio
tel.	teléfono
teléf.	teléfono
test.º	testigo
tlfno.	teléfono
Th	torio
Ti	titanio
tít.	título

Tl	talio
TM	*trademark* (marca registrada)
Tm	tulio
trad.	traducción
Tte.	teniente
TV	televisión

U

u	unidad(es) de masa atómica
U	uranio
U.	usted
Ud.	usted
Uds.	ustedes
Univ.	universidad
UVA	ultravioleta

V

V	voltio(s)
V	vanadio
V.	usted
v.	véase
v.	verso
v/	visto
Valmte.	vicealmirante
V. A. R.	Vuestra Alteza Real
V.° B.°	visto bueno
Vd.	usted
Vda.	viuda
Vdo.	viudo
Vds.	ustedes
V. E.	Vuestra Excelencia
v. g.	verbigracia (por ejemplo)
v. gr.	verbigracia (por ejemplo)
V. I.	Vuestra Ilustrísima
vid.	*vide* (véase)
V. M.	Vuestra Majestad
V. O.	versión original
vol.	volumen

V. P.	Vuestra Paternidad
V. S.	Vuestra Señoría
V. S. I.	Vuestra Señoría Ilustrísima
vta.	vuelta
vto.	vuelto
VV. AA.	varios autores

W

W	vatio(s)
W	wolframio
Wb	weber
W. C.	*water closet* (retrete)
www	*world wide web* (red informática mundial)

X

Xe	xenón
Xto.	Cristo

Y

Y	Itrio
Yb	iterbio
yd	yarda

Z

Zn	zinc
Zr	zirconio

Capítulo VII

Siglas y acrónimos

1. Las siglas

Las siglas están formadas por varias letras que coinciden con la inicial de cada una de las palabras que representan.

DNI: D(documento) N (nacional) I(identidad)
NIF: N(úmero) I(dentificación F(iscal)

Se escriben con letras mayúsculas y sin puntos.

DNI, ONU, CD, ARN, VIH, FIFA, NIF...

Existen algunos casos de siglas que, por su uso, han pasado a utilizarse como nombres comunes: *sida*, siendo ya normal encontrar esta sigla escrita en minúscula.

2. Los acrónimos

La RAE define acrónimo así: 'Tipo de sigla que se pronuncia como una palabra. || Vocablo formado por la unión de elementos de dos o más palabras, constituido por el principio de la primera y el final de la última'.

OVNI (se pronuncia como una sola palabra)
BANESTO: BAN(CO) ES(pañol) de (crédi)TO (formado por primeras letras y por últimas letras, caso de crédito).

3. Lista de siglas y acrónimos

En la siguiente lista se dan algunas de las siglas y acrónimos más relevantes y usados. Junto a cada sigla y acrónimo se ofrece su significado.

A

ACNUR	Alto Comisionado de las Naciones Unidas para los refugiados
ADN	ácido desoxirribonucleico
AI	Amnistía Internacional
AM	amplitud modulada
ATS	Ayudante Técnico Sanitario
AVE	Alta Velocidad Española
ARN	ácido ribonucleico

B

BBC	Cadena de Radiodifusión Británica
BOE	Boletín Oficial del Estado

C

CAD	Diseño asistido por ordenador
CD	*compact disc* (disco compacto)
CEE	Comunidad Económica Europea
CEI	Comunidad de Estados Independientes
CESID	Centro Superior de Investigación de la Defensa
CGPJ	Consejo General del Poder Judicial
CIA	Agencia Central de Inteligencia
CIF	Código de Identificación Fiscal
COE	Comité Olímpico Español
COI	Comité Olímpico Internacional
CPU	Unidad Central del Proceso
CSIC	Centro Superior de Investigaciones Científicas

D

DGT	Dirección General de Tráfico
DIU	Dispositivo Intrauterino
DNA	ácido desoxirribonucleico
DNI	documento nacional de identidad
DOS	Sistema Operativo del Disco
DVD	Disco de Vídeo Digital

164

E

EAU	Emiratos Árabes Unidos
EMT	Empresa Municipal de Transportes
ESO	Educación Secundaria Obligatoria
ETS	Escuela Técnica Superior
EU	Escuela Universitaria

F

FAO	*Food and Agricultural Organization* (Organización para la Alimentación y la Agricultura)
FBI	*Federal Bureau of Investigation* (Oficina Federal de Investigación)
FED	Fondo Europeo de Desarrollo
FEVE	Ferrocarriles Españoles de Vía Estrecha
FIBA	Federación Internacional de Baloncesto
FIFA	*Fédération Internationale de Football Association* (Asociación de la Federación Internacional de Fútbol)
FM	Frecuencia Modulada
FMI	Fondo Monetario Internacional
FSE	Fondo Social Europeo

H

HIV	*human immunodeficiency virus* (VIH)

I

ICE	Instituto de Ciencias de la Educación
ICEX	Instituto de Comercio Exterior
IES	Instituto de Enseñanza Secundaria
INEM	Instituto Nacional de Empleo
INRI	*Iesus nazarenus rex iudaeórum* (Jesús nazareno rey de los judíos)
IPC	Índice de Precios al Consumo
IRPF	Impuesto sobre la Renta de las Personas Físicas

ISBN	*International Standard Book Number* (Registro Internacional de Libros Editados)
ISO	*International Standard Organization* (Organización Internacional de Estandarización)
ISSN	*International Standard Series Number* (Registro Internacional de Publicaciones Periódicas)
ITV	Inspección Técnica de Vehículos
IVA	Impuesto sobre el valor añadido, impuesto al valor agregado

K

| KGB | *Komitet Gosudártvennoy Bezopásnosti* (Comité de Seguridad del Estado) |

L

LODE	Ley Orgánica del Derecho a la Educación
LOGSE	Ley de Ordenación General del Sistema Educativo
LDL	*low density lipoprotein* (proteína de baja densidad)
LP	*long play* (elepé)
LSD	Lysergyc *Acid Diethylamide* (Dietilamida del ácido lisérgico)

M

MAP	Ministerio para las Administraciones Públicas
MBA	*Master in Business Administration* (Máster en Administración de Empresas)
MEC	Ministerio de Educación y Cultura
MIR	médico interno residente
MOPTMA	Ministerio de Obras Públicas, Transporte, Urbanismo y Medio Ambiente

166

N

NASA	*National Aeronautics and Space Administration* (Administración Nacional para la Aeronáutica y el Espacio)
NIF	número de identificación fiscal

O

OCDE	Organización para la Cooperación y el Desarrollo Económico
OCR	*Optical Character Recognition* (Reconocimiento Óptico de Caracteres)
OCU	Organización de Consumidores y Usuarios
OEA	Organización de Estados Americanos
OIT	Oficina Internacional de Trabajo
OM	Onda Media
OMS	Organización Mundial de la Salud
ONG	Organización No Gubernamental
ONU	Organización de Naciones Unidas
OPA	oferta pública de adquisición (de acciones)
OPEP	Organización de Países Exportadores de Petróleo
OTAN	Organización del Tratado del Atlántico Norte
OTI	Organización de Televisiones Iberoamericanas

P

PC	*personal computer* (computador personal)
PIB	Producto Interior Bruto
PNB	Producto Nacional Bruto
PYME	pequeña y mediana empresa
PVP	Precio de Venta al Público

R

RAE	Real Academia Española
RAM	*Random Access Memory* (Memoria de Acceso Directo y de Carácter Efímero)
RNE	Radio Nacional de España
RTVE	Radio Televisión Española

S

SGAE	Sociedad General de Autores y Editores
SME	Sistema Monetario Europeo
SMI	Sistema Monetario Internacional
SP	Servicio Público

T

TAC	tomografía axial computarizada
TAE	tasa anual equivalente
TIR	*Transport International Routier* (transporte internacional por carretera)
TNT	trinitrotolueno
TVE	Televisión Española

U

UCI	Unidad de Cuidados Intensivos
UE	Unión Europea
UEFA	*Union of European Football Associations* (Unión de Asociaciones Europeas de Fútbol)
UK	*United Kingdom* (Reino Unido)
UNESCO	*United Nations Educational, Scientific and Cultural Organization* (Organización de las Naciones Unidas para la Educación, la Ciencia y la Cultura)
UNICEF	*United Nations International Children's Emergency Fund* (Fondo Internacional de las Naciones Unidas de Socorro a la Infancia)
UVI	Unidad de Vigilancia Intensiva

V

VIH	virus de inmunodeficiencia humana
VIP	very important person (persona muy importante)

W

www	*World Wide Web* (Red Informática Mundial)

Capítulo VIII

Los gentilicios

1. Países de Europa, sus capitales y sus gentilicios

País	Gentilicio	Capital
Albania	albanés, albanesa	Tirana
Alemania	alemán, alemana	Berlín
Andorra	andorrano, andorrana	Andorra la Vieja
Armenia	armenio, armenia	Ereván
Austria	austriaco, austriaca	Viena
Bélgica	belga, belgas	Bruselas
Bielorrusia	bielorruso, bielorrusa	Minsk
Bosnia-Herzegovina	bosnio, bosnia	Sarajevo
Bulgaria	búlgaro, búlgara	Sofía
Ciudad del Vaticano	vaticano, vaticana	
Croacia	croata	Zagreb
Dinamarca	danés, danesa	Copenhague
Eslovaquia	eslovaco, eslovaca	Bratislava
Eslovenia	esloveno, eslovena	Liubliana
España	español, española	Madrid
Estonia	estonio, estonia	Tallin
Finlandia	finlandés, finlandesa	Helsinki
Francia	francés, francesa	París
Grecia	griego, griega	Atenas
Hungría	húngaro, húngara	Budapest
Irlanda	irlandés, irlandesa	Dublín
Islandia	islandés, islandesa	Reikiavik
Italia	italiano, italiana	Roma
Letonia	letón, letona	Riga
Liechtenstein	liechtensteiniano, liechtensteiniana	Vaduz
Lituania	lituano, lituana	Vilna
Luxemburgo	luxemburgués, luxemburguesa	Luxemburgo

Macedonia	macedonio, macedonia	Skoplie
Malta	maltés, maltesa	La Valeta
Moldavia	moldavo, moldava	Kishinev
Mónaco	monegasco, monegasca	Mónaco
Noruega	noruego, noruega	Oslo
Países Bajos	neerlandés, neerlandesa	Amsterdam
Polonia	polaco, polaca	Varsovia
Portugal	portugués, portuguesa	Lisboa
Reino Unido	británico, británica	Londres
de Gran Bretaña e Irlanda del Norte		
República checa	checo, checa	Praga
Rumanía /	rumano, rumana	Bucarest
Rumania		
Rusia	ruso, rusa	Moscú
San Marino	sanmarinense	San Marino
Suecia	sueco, sueca	Estocolmo
Suiza	suizo, suiza	Berna
Turquía	turco, turca	Ankara
(país de Europa y Asia)		
Ucrania	ucraniano, ucraniana	Kiev

2. Países de África, sus capitales y sus gentilicios

País	*Gentilicio*	*Capital*
Angola	angoleño, angoleña	Luanda
Arabia Saudí /	saudí	Riad
Arabia Saudita		
Argelia	argelino, argelina	Argel
Benín	beninés, beninesa	Porto Novo
Botsuana	botsuano, botsuana	Gaborone
Burundi	burundés, burundesa	Bujumbura
Cabo Verde	caboverdiano, caboverdiana	Praia
Camerún	camerunés, camerunesa	Yaundé
Chad (el)	chadiano, chadiana	Yamena
Comoras	comorense	Moroni
Congo	congoleño, congoleña	Brazzaville
Costa de Marfil	marfileño, marfileña	Abiyán
Egipto	egipcio, egipcia	El Cairo

Emiratos Árabes Unidos	de los Emiratos Árabes Unidos	Abu Dhabi
Eritrea	eritreo, eritrea	Asmara
Etiopía	etíope	Addis Abeba
Gabón	gabonés, gabonesa	Libreville
Gambia	gambiano, gambiana	Banjul
Ghana	ghanés, ghanesa	Accra
Guinea	guineano, guineana	Conakry
Guinea- Bissau	guineano, guineana	Bissau
Guinea Ecuatorial	ecuatoguineano, ecuatoguineana	Malabo
Kenia	keniata	Nairobi
Lesotho	lesothense	Maseru
Liberia	liberiano, liberiana	Monrovia
Libia	libio, libia	Trípoli
Madagascar	malgache	Antananarivo
Malawi	malawiano, malawiana	Lilongwe
Malí	malí	Bamako
Marruecos	marroquí	Rabat
Mauricio	mauriciano, mauriciana	Port-Louis
Mauritania	mauritano, mauritana	Nuakchot
Mozambique	mozambiqueño, mozambiqueña	Maputo
Namibia	namibio, namibia	Windhoek
Níger	nigerino, nigerina	Niamey
Nigeria	nigeriano, nigeriana	Abuja
República Centroafricana	centroafricano, centroafricana	Bangui
República Democrática del Congo	congoleño, congoleña	Kinshasa
Ruanda	ruandés, ruandesa	Kigali
Santo Tomé y Príncipe	santotomense	Santo Tomé
Senegal	senegalés, senegalesa	Dakar
Seychelles	seychellense	Victoria
Sierra Leona	sierraleonés, sierraleonesa	Freetown
Somalia	somalí	Mogadiscio
Suazilandia	suazi	Mbabane
Sudáfrica	sudafricano, sudafricana	Bloemfontein,
Sudán	sudanés, sudanesa	Jartum
Tanzania	tanzano, tanzana	Dar es Salam

Togo	togolés, togolesa	Lomé
Túnez	tunecino, tunecina	Túnez
Uganda	ugandés, ugandesa	Kampala
Yibuti	yibutiano, yibutiana	Yibuti
Zambia	zambiano, zambiana	Lusaka
Zimbaue	zimbabuense	Harare

3. Países de América, sus capitales y sus gentilicios

País	Gentilicio	Capital
Antigua y Barbuda	antiguano, anitiguana	Saint John
Argentina	argentino, argentina	Buenos Aires
Bahamas	bahameño, bahameña	Nassau
Barbados	barbadense	Bridgetown
Belice	beliceño, beliceña	Belmopan
Bolivia	boliviano, boliviana	La Paz
Brasil	brasileño, brasileña	Brasilia
Canadá	canadiense	Ottawa
Chile	chileno, chilena	Santiago de Chile
Colombia	colombiano, colombiana	Santafé de Bogotá
Costa Rica	costarricense	San José
Cuba	cubano, cubana	La Habana
Dominica	dominiqués, dominiquesa	Roseau
Ecuador	ecuatoriano, ecuatoriana	Quito
Estados Unidos de América	estadounidense	Washington
Granada	granadino, granadina	Saint George
Guatemala	guatemalteco, guatemalteca	Ciudad de Guatemala
Guyana	guyanés, guyanesa	Georgetown
Haití	haitiano, haitiana	Puerto Príncipe
Honduras	hondureño, hondureña	Tegucigalpa
Jamaica	jamaiquino, jamaiquina	Kingston
México / Méjico	mexicano, mexicana	México
Nicaragua	nicaragüense	Managua
Panamá	panameño, panameña	Panamá
Paraguay	paraguayo, paraguaya	Asunción

172

Perú	peruano, peruana	Lima
República Dominicana (la)	dominicano, dominicana	Santo Domingo
Salvador, El	salvadoreño, salvadoreña	San Salvador
San Cristóbal y Nieves	sancristobaleño, sancristobaleña	Basseterre
Santa Lucía	santalucense	Castries
San Vicente y las Granadinas	sanvicentino, sanvicentina	Kingstown
Serbia	serbio, serbia	Belgrado
Surinam	surinamés, surinamesa	Paramaribo
Trinidad y Tobago	trinitense	Puerto España
Uruguay	uruguayo, uruguaya	Montevideo

4. Países de Asia, sus capitales y sus gentilicios

País	*Gentilicio*	*Capital*
Afganistán	afgano, afgana	Kabul
Azerbaiyán	azerbaiyano, azerbaiyana	Bakú
Bahréin	bahreiní	Manama
Bangladesh	bengalí	Dacca
Brunéi Darussalam	bruneano, bruneana	Bandar Seri Begawan
Bután	butanés, butanesa	Timbu
Camboya	camboyano, camboyana	Phnom Penh
China	chino, china	Pekín
Chipre	chipriota	Nicosia
Corea del Norte	norcoreano, norcoreana	Pyongyang
Corea del Sur	surcoreano, surcoreana	Seúl
Filipinas	filipino, filipina	Manila
Georgia	georgiano, georgiana	Tiflis
India (la)	indio, india	Nueva Delhi
Indonesia	indonesio, indonesia	Yakarta
Irán	iraní	Teherán
Iraq	iraquí	Bagdad
Israel	israelí	Jerusalén
Japón	japonés, japonesa	Tokio

Jordania	jordano, jordana	Ammán
Kazajstán	kazako, kazaka	Astaná
Kirguistán	kirguís	Bishkek
Kuwait	kuwaití	Kuwait
Laos	laosiano, laosiana	Vientiane
Líbano (el)	libanés, libanesa	Beirut
Malasia	malasio, malasia	Kuala Lumpur
Maldivas	maldivo, maldiva	Malé
Mongolia	mongol, mongola	Ulan Bator
Myanmar	birmano, birmana	Rangún
Nepal	nepalés, nepalesa	Katmandú
Omán	omaní	Mascate
Pakistán	pakistaní	Islamabad
Singapur	singapurense	Singapur
Siria	sirio, siria	Damasco
Sri Lanka	cingalés, cingalesa	Colombo
Tailandia	tailandés, tailandesa	Bangkok
Tayikistán	tayiko, tayika	Dushambé
Turquía	turco, turca	Ankara
(país de Europa y Asia)		
Turkmenistán	turcomano, turcomana	Achkabad
Uzbekistán	uzbeko, uzbeka	Tashkent
Vietnam	vietnamita	Hanoi

5. Países de Oceanía, sus capitales y sus gentilicios

País	Gentilicio	Capital
Australia	australiano, australiana	Canberra
Fiyi	fiyiano, fiyiana	Suva
Islas Cook (las)		Avarua
Islas Marshall (las)	marshalés, marshalesa	Majuro
Islas Salomón (las)	salomonense	Honiara
Kiribati	kiribatiano, kiribatiana	Bairiki
Micronesia	micronesio, micronesia	Kolonia
Nauru	nauruano, nauruana	Yaren
Nueva Zelanda/ Nueva Zelandia	neozelandés, neozelandesa	Wellington

Paláu	palauano, palauana	Koror
Papúa Nueva Guinea	papú	Port Moresby
Samoa	samoano, samoana	Apia
Tonga	tongano, tongana	Nukúalofa
Tuvalu	tuvaluano, tuvaluana	Funafuti
Vanuatu	vanuatuense	Port Vila

6. Antiguos nombres de países y sus gentilicios

Se incluyen en este apartado ciertos nombres de países y sus gentilicios antiguos con el correspondiente nombre actual con el que se ha sustituido al anterior.

Antiguo	*Gentilicio*	*Actual*	*Gentilicio*
Birmania Asia)	birmano, birmana	Myanmar	birmano, birmana
Ceilán (Asia)	cingalés, cingalesa	Sri Lanka	cingalés, cingalesa
Persia (Asia)	persa	Irán	iraní
Siam (Asia)	siamés, siamesa	Tailandia	tailandés, tailandesa
Zaire (el)	zaireño, zaireña	R. D. del Congo	congoleño, congoleña

Capítulo IX

Palabras que se escriben en una y en dos palabras

Este capítulo está dedicado a palabras que pueden provocar ciertas dudas a la hora de escribirlas, porque la misma palabra puede escribirse en una sola palabra (por ejemplo: aparte), y en dos palabras (por ejemplo: a parte).

Las palabras que se van a analizar, para solventar así las posibles dudas referentes a su escritura, son las siguientes:

- Abordo / a bordo
- Acuestas / a cuestas
- Adonde / adónde / a donde
- Adondequiera que / a donde quiera que
- Alrededor / al rededor
- Aparte / a parte
- Apropósito / a propósito
- Asimismo / así mismo / a sí mismo
- Comoquiera / como quiera / como quiera que
- Conque / con que
- Demás / de más
- Dondequiera / donde quiera
- Enseguida / en seguida
- Entorno / en torno
- Entretanto / entre tanto
- Maleducado / mal educado
- Mediodía / medio día
- Porque / por que / porqué / por qué
- Quienquiera / quien quiera
- Sinfín / si fin
- Sino / si no
- Sinúmero / sin número
- Sinsabor / sin sabor
- Sinvergüenza / sin vergüenza

1. *Abordo / a bordo*

Abordo. Verbo abordar.

Significados:

- 'Dicho de una embarcación: llegar a otra, chocar o tocar con ella'.
Soy el capitán de este barco, y con vuestra ayuda o sin ella he decidido que abordo ese barco enemigo, suceda lo que suceda.
- 'Acercarse a alguien par hacerle una pregunta, iniciar un diálogo o tratar algún asunto'.
Déjame a mí, que yo abordo al profesor y seguro que acaba diciéndome lo que queremos saber.

A bordo. Locución adverbial: 'en una embarcación, y en otros vehículos'.
Les damos la bienvenida y les informamos de que comerán a bordo, pues no será posible llegar a Inglaterra en el tiempo previsto.

2. Acuestas / a cuestas

Acuestas. Verbo acostar. Segunda persona del singular del presente de indicativo.
O te acuestas ahora mismo o estarás castigado toda la semana.
Si no acuestas a la niña no se dormirá.
¿Por qué no te acuestas ya?

A cuestas. Sobre los hombros y las espaldas.
Llevé todos los muebles a cuestas.
¿No pretenderás que lleve todo eso a cuestas?
Es imposible que lleve todo el equipaje a cuestas, pesa demasiado.

3. Adonde / adónde / a donde

Adonde. Adverbio relativo.
Como relativo que es ha de referirse siempre a un antecedente, es decir, a un sustantivo anterior.
Vengo de la tienda adonde tú me mandaste.
El lugar adonde voy no te gustaría.
El restaurante adonde vamos está cerca de tu trabajo.
En los tres ejemplos *adonde* se refiere a un antecedente:
1. En el primer ejemplo el antecedente es *tienda*.
2. En el segundo ejemplo el antecedente es *lugar*.
3. En el tercer ejemplo el antecedente es *restaurante*.

Adónde. Adverbio interrogativo.

Sólo se puede usar y, por tanto, sólo es correcto usar este adverbio con verbos que expresen movimiento.

No puede usarse en dos palabras, sólo en una.

¿Adónde vamos con tanta prisa?

¿Adónde estamos yendo?

En los dos ejemplos el adverbio *adonde* va con un verbo de movimiento: ir.

A donde. Preposición (*a*) + adverbio relativo (*donde*).

Se usa cuando no aparece el lugar al que se refiere.

A donde vas nadie sabe nada de nadie.

A donde voy o de donde vengo no creo que sea de tu incumbencia.

Iré a donde nadie me conozca.

Al contrario que con el adverbio *adonde* que requería la presencia de un antecedente, *a donde* requiere que no lo tenga. Es decir que no haya ningún sustantivo en la oración al que se refiera. En los ejemplos, *a donde* no se refiere a otro sustantivo.

4. *Adondequiera que / a donde quiera que*

Adondequiera que. Adverbio.

Significado: 'a cualquier parte'.

Viajaré adondequiera que pueda encontrarte.

(Viajaré a cualquier parte que pueda encontrarte).

Iré contigo adondequiera que vayas; no lo dudes nunca.

(Iré contigo a cualquier parte que vayas, no lo dudes nunca).

A donde quiera que. A donde + verbo quiera

De acuerdo, iré a donde quiera Juan ir.

Hemos decidido ir a donde quiera él.

Siempre irás a donde él quiera, porque tú no te atreves a expresar tu opinión.

5. *Alrededor / al rededor*

Aunque puedan encontrarse en algún escrito, sobre todo si es antiguo, las palabras *al rededor* escritas de manera separada, no es lo más deseable en la actualidad. Es más correcto escribirlo siempre y en todos los casos como una sola palabra: *alrededor*.

Todos estaban a su alrededor.

Esa casa costará alrededor de 20 millones de pesetas.
Estuvimos por los alrededores del pueblo.
¿Cuánta gente hay a tu alrededor?
Siempre hay hombres a su alrededor; los atrae.

6. Aparte / a parte

Aparte.
 - Verbo apartar.
 Aparte usted eso de ahí inmediatamente.
 He dicho que aparte su perro de la puerta de mi jardín o llamaré a la policía.
 Puede que aparte mi vida de la tuya, mas eso no significa que te olvide.
 - Adjetivo: 'diferente, distinto, singular'.
 Mi hermano ha sido un músico aparte en la historia del jazz.
 - Adverbio: 'en otro lugar'.
 Pon tus cosas aparte, por favor.

A parte. Preposición (*a*) + sustantivo (*parte*)
 Se hizo una revisión de parte a parte.
 El examen se hará solamente a parte de la clase: la parte que haya tenido mal comportamiento durante el curso.

7. Apropósito / a propósito

Apropósito. 'Pieza teatral'.
 Representaron un apropósito y no resultó mal.

A propósito.
 - Locución adverbial: 'intencionadamente'.
 Lo he roto y lo siento, pero no lo he hecho a propósito.
 ¿Tú te crees que yo te querría ofender a propósito?
 - Locución prepositiva.
 A propósito de la conversación que mantuvimos ayer, he de decirte que perdones mi actitud, pero es que cuando hablo de ciertos temas me pongo muy nervioso y digo cosas que ni siquiera pienso.

8. Asimismo / así mismo / a sí mismo

Asimismo. Significado: 'También, además'.
 Comió la carne y dejó el pescado. Asimismo nosotros comimos

la carne y dejamos el pescado.
Te daré la factura y tú tendrás asimismo que enviarme a mí el recibo.

Así mismo. - Es similar a *asimismo*, no obstante la RAE prefiere esta forma: *así mismo.*
Comió la carne y dejó el pescado. Así mismo nosotros comimos la carne y dejamos el pescado.
Te daré la factura y tú tendrás así mismo que enviarme a mí el recibo.

A sí mismo. - Preposición (*a*) + pronombre (*sí*) + adjetivo (*mismo*)
Se mira a sí mismo como si fuera el centro del mundo.
Ojalá se juzgara a sí mismo con la misma severidad con que juzga a los demás.
Es incapaz de verse a sí mismo como realmente es.

9. *Comoquiera / como quiera / como quiera que*

Comoquiera. Adverbio de modo: 'de cualquier manera'.
Sea comoquiera, la huella del Arcipreste se halla fuertemente impresa en la tradición... (Manuel Seco, *Diccionario de dudas y dificultades de la lengua española*, p. 118).

Como quiera. Igual que *comoquiera*: adverbio de modo ('de cualquier manera').

Comoquiera que.
   - Conjunción: 'de cualquier manera que'.
   Comoquiera que sea, la actitud negativa no tiene disculpa.
   - Conjunción: 'dado que'.
   Comoquiera que las personas aquí presentes no están dispuestas a respetar la normativa, todas serán despedidas de esta empresa.

Como quiera que.
   - Igual que *comoquiera que*: conjunción ('de cualquier manera que').
   Como quiera que sea, la actitud negativa no tiene disculpa.
   - Conjunción: 'dado que'.
   Como quiera que las personas aquí presentes no están dispuestas a respetar la normativa, todas serán despedidas de esta empresa.

10. *Conque / con que*

Conque.
- Conjunción consecutiva: 'así que'.
No voy a ir, conque deja ya de insistir.
Has suspendido tres asignaturas, conque ya sabes lo que te espera este trimestre.
- Se puede usar también así:
¿Conque ésas tenemos?
¿Conque ibas a aprobarlo todo?
¿Conque habías de fumar?

Con que.
- Preposición (*con*) + relativo (*que*)
Éste es el dinero con que nos iremos de vacaciones.
- Preposición + conjunción.
No me vengas con que tenemos que salir pronto de casa porque hay que llegar a tiempo a casa de tus padres; que luego llegamos y ni siquiera ellos están.

11. *Demás / de más*

Demás.
- Indefinido.
Díselo a los demás.
Los demás familiares se quedaron en casa de Rosa.
Fueron Javi, Valeria y demás empleados de la empresa.
Los demás no cuentan, sólo tú y yo podemos decidirlo.
- Locución.
Por lo demás todo está bien.

De más. Preposición (*de*) + adverbio (*más*)
No me acuerdo de más cosas, lo siento.
Lo que acabas de decir está de más, ¿no te parece?
En mi opinión hoy has comido de más, así que no deberías cenar, porque puedes ponerte enfermo.

12. *Dondequiera / donde quiera*

Dondequiera. Adverbio: 'En cualquier parte'.
Lleva normalmente un *que* a continuación (*dondequiera que*).
Dondequiera que estés, acuérdate siempre del lugar del que procedes.

(En cualquier parte que estés, acuérdate siempre del lugar del que procedes).

Dondequiera que trabajes, compórtate como un buen trabajador y sé siempre un buen compañero.

(En cualquier parte que trabajes, compórtate como un buen trabajador y sé siempre un buen compañero).

Donde quiera. Adverbio *donde* + verbo *querer.*

Hemos decidido que iremos donde quiera Juan.

Finalmente celebraremos la fiesta donde quiera Sonia, que para eso es la que la organiza.

A mí me da igual donde quiera ir mi primo, yo iré al colegio de todas maneras, porque tengo clase y eso es lo más importante.

13. *Enseguida / en seguida*

Ambos adverbios se usan en los mismos casos y ambas formas (en una palabra o en dos) son igualmente correctas.

Ven enseguida / en seguida.

Necesito que lo hagas enseguida / en seguida.

Necesito una solución enseguida / en seguida.

Date prisa y hazlo enseguida / en seguida.

Enseguida / en seguida supo que no haría nada más por él.

14. *Entorno / en torno*

Entorno. Nombre: 'Ambiente, lo que rodea'.

El entorno es fundamental en la infancia de cualquier niño, ¿no te parece?

Nuestra casa está ubicada en un entorno natural maravilloso.

El entorno del colegio de Jaime no me gusta nada.

En torno. Preposición (*en*) + *torno.*

Voy a haceros una foto, así que poneos todos en torno a vuestra tía, ¿de acuerdo?

Estarías mejor si os pusierais en torno a ese árbol.

15. *Entretanto / entre tanto*

Entretanto. Puede ser:

- Adverbio: 'mientras tanto', en cuyo caso puede escribirse en una palabra o en dos. Es más deseable escribirlo en dos palabras.

Yo iré al colegio a buscar a Juana, entre tanto (entretanto) tú irás haciendo la cama y ordenando el armario.
- Nombre: 'tiempo intermedio'. En este caso sólo puede escribirse en una palabra.
Fuimos al lavabo en el entretanto.
- Locución conjuntiva: *entretanto que / entre tanto que.* Cuando es locución puede escribirse en una o en dos palabras + la conjunción *que.*
Entretanto / entre tanto que llegas, nosotros preparamos la cena.

Entre tanto.
- Adverbio (como *entretanto*), preferiblemente escrito en dos palabras.
Voy a hacer la compra, entre tanto vete haciendo la comida.
- Locución conjuntiva (como *entretanto que*).
Entre tanto que acabas los deberes, yo voy preparándote la cena.

16. *Maleducado / mal educado*

Maleducado.
- Adjetivo: 'Malcriado'.
¡Qué maleducado es ese crío!
Es un maleducado y su madre ni se entera, pues nunca le dice nada.
- Verbo 'maleducar':
Has maleducado al niño, no lo niegues.
Si no hubieseis maleducado tanto a vuestro hijo no tendríais ahora los problemas que tenéis.

Mal educado. Se puede escribir separado cuando es adjetivo.
Es un auténtico mal educado (maleducado).
No puedo soportar a Sergio; es un mal educado (maleducado).

17. *Mediodía / medio día*

Mediodía. Nombre: 'Momento en que está el Sol en el punto más alto de su elevación sobre el horizonte. || Período de extensión imprecisa alrededor de las doce de la mañana'.
Se ha decidido que los viernes acabaremos de trabajar a mediodía.

Siempre vuelvo a casa a mediodía para comer con mi familia,
aunque luego tenga que volver al trabajo.
Me encanta pasear a mediodía porque las calles están desiertas.

Medio día. Adjetivo (*medio*) + nombre (*día*).
Tienes medio día para estudiar lo que te queda para el examen.
¿Y qué quieres que haga con sólo medio día de plazo?
En medio día es imposible que tenga preparado ese proyecto;
es demasiado trabajo.

18. *Porque / por que / porqué / por qué*

Porque. Conjunción causal: introduce una explicación, la razón por
la que sucede lo expresado en la oración.
Iré porque quiero.
Te hago un regalo porque me apetece.
No ha ido hoy a clase porque está muy enfermo.
En el primer ejemplo *porque* introduce la razón por la que
sucede lo expresado antes, es decir, la causa por la que iré, que
es porque quiero.
En el segundo ejemplo *porque* es similar, pues explica que te
hago un regalo porque quiero.
En el tercer ejemplo *porque está muy enfermo* es la razón por
la que no ha ido a clase.

Por que.
- Preposición *por* + pronombre relativo *que*.
Ésta es la causa por que he venido hoy a protestar.
Puede introducirse entre *por* y *que* el determinante *la*.
Ésta es la causa por la que he venido hoy a protestar.
Puede también añadirse *la cual*.
Ésta es la causa por la cual he venido hoy a protestar.
- Preposición *por* + conjunción *que*.
Juana se decanta por que no vayamos a clase hoy.
Ellos apuestan por que esta noticia no se publique.

Porqué.
- Nombre que significa 'causa'.
Dime el porqué de tu actuación.
Puede sustituirse por 'la causa'.
Dime la razón de tu actuación.

No sé el porqué de mi malhumor, sólo sé que últimamente no puedo evitarlo.

No sé la causa de mi malhumor, sólo sé que últimamente no puedo evitarlo.

Por qué. Pronombre interrogativo.

¿Por qué no quieres venir con nosotras?

¿Por qué has hecho eso?

¿Por qué siempre estás tan triste?

¿Por qué causa has contestado tan mal a la profesora?

¿Por qué te comportas de esa manera?

19. *Quienquiera / quien quiera*

Quienquiera. Pronombre: 'cualquier persona'.

Va seguido de *que*.

Quienquiera que sea el que está llamando de esa manera a la puerta es un maleducado.

Quienquiera que necesite consultarme algo podrá hacerlo en las horas indicadas en el tablón.

El plural de *quienquiera* es *quienesquiera*. Por lo tanto, debe evitarse el uso de *quienquiera* cuando se refiera a varias personas, porque ese uso es incorrecto, ya que existe el plural *quienesquiera*.

Quien quiera. Pronombre + verbo.

Quien quiera un caramelo que levante la mano.

Quien quiera una manzana que venga y me lo diga.

Quien quiera más folios sólo tiene que venir y pedírmelos.

20. *Sinfín / sin fin*

Sinfín. Nombre: 'infinidad'.

Podría darte un sinfín de razones por las que hoy no pienso hacerte caso.

No puedo entretenerme más; un sinfín de asuntos me espera sobre la mesa del despacho.

Ahí fuera hay un sinfín de alumnos esperando a que les expliques tu ausencia de ayer.

Sin fin. Preposición (*sin*) + *fin*.

Esta reunión se está convirtiendo en un fenómeno sin fin.

Las obras sin fin de esta casa están acabando con mis nervios.

21. *Sino / si no*

Sino.

- Conjunción adversativa.

No es esto lo que tienes que hacer, sino aquello, ¿comprendes?
No es ella quien tiene la culpa, sino él.
No compré yo tu casa, sino mi madre.

- Nombre: 'destino'.

Ése es nuestro sino: morir.
*Al parecer tu sino es estar con hombres que te hagan sufrir,
¿no crees?*
¿Tú crees que todos tenemos un sino?

Si no.

- Conjunción condicional (*si*) + adverbio de negación (*no*).

*Si no haces inmediatamente tus deberes, mañana no irás al cine
con tus amigos.*
*Si no sabes disfrutar de la vida, no disfrutes, pero no nos
amargues la existencia a los demás.*

- Conjunción *si* que introduzca interrogativa indirecta + *no*.

Me pregunto si no preferirá que vayamos hoy en lugar de mañana.
*Seguro que se estará preguntando si no habremos visto ya sus
notas.*

22. *Sinnúmero / sin número*

Sinnúmero. Nombre: 'Infinidad'.

Tengo un sinnúmero de problemas y tú vienes añadir uno más.
Un sinnúmero de quejas aguarda en tu despacho.
Había un sinnúmero de trabajadores en la manifestación.

Sin número. Preposición (*sin*) + *número*.

Señora, sin número no puede usted hacer la cola, ¿comprende?
*Sin número no hay posibilidad de que yo la atienda. Le dije que
tenía que sacar uno.*

23. *Sinsabor / sin sabor*

Sinsabor. Nombre: 'Pesar, desazón moral, pesadumbre'.

*Pues un sinsabor más que sumo a la larga lista de sinsabores
que reúne ya mi existencia.*
*No te preocupes tanto, mujer, que un sinsabor se lo lleva cual-
quiera.*

Sin sabor. Preposición (*sin*) + *sabor*
> *Los yogures sin sabor a fresa no me gustan.*
> *Lo único que no soporto es la comida sin sabor a comida, o sea, esa comida que tiene sabor a plástico.*

24. *Sinvergüenza / sin vergüenza*

Sinvergüenza. Adjetivo: 'Pícaro, bribón'.
> *¡Qué sinvergüenza eres!*
> *Desde luego, eres un sinvergüenza, ¡has falsificado las notas, hombre!*
> *El sinvergüenza de tu hermano lleva tres noches sin aparecer por casa.*

Sin vergüenza. Preposición (*sin*) + *vergüenza*.
> *Para llegar a vivir sin vergüenza se necesita, creo yo, mucho tiempo y mucha experiencia.*
> *Vivir sin vergüenza y sin temor al ridículo es quizá solamente una utopía.*

Ejercicios

1. **En las siguientes oraciones debe poner la opción más correcta de las siguientes: adonde, a donde, adónde.**

   1. Dime el lugar _____ me llevas.
   2. Ya ni siquiera sé _____ voy.
   3. La playa _____ iremos estas vacaciones es preciosa.
   4. ¿_____ me estás llevando?
   5. La casa _____ te llevo te gustará mucho.
   6. Quiero volver _____ tú y yo nos conocimos.
   7. Aquí está la tienda _____ me gusta venir cuando salgo de compras.
   8. El hotel _____ nos dirigimos está muy bien comunicado.

2. **Escriba la opción correcta en cada caso.**

   conque / con que.
   1. Estás castigado y lo sabes, _____ no te pongas tonto.
   2. Ésta es la brocha _____ he pintado el dormitorio de Paloma.
   3. Ahí te dejo la sierra _____ podrás cortar esa estantería.
   4. Sabías que ibas a suspender, _____ no me vengas ahora con cara de sorpresa.
   5. He hecho todo lo que me pediste, _____ ahora puedo hacer lo que yo quiera.
   6. La pintura _____ has pintado la pared del salón es de muy mala calidad.
   7. ¿_____ no ibais a salir hoy?
   8. Tengo bastante _____ nadie me escuche.

3. **Escriba la opción correcta.**

   Demás / de más
   1. Los _____ niños no tienen la culpa.
   2. Lo que acabas de decir está _____ .
   3. Me has puesto _____, ¿no te parece?
   4. Las _____ trabajadoras de la fábrica seguirán trabajando normalmente.
   5. Son todos los _____ quienes tienen que rendir cuentas.
   6. Por lo _____ todo está bien.

7. Creo que has echado sal _____en la comida.
8. Al final acabaste bebiendo _____.

4. Escriba la opción correcta.

entorno / en torno
1. Situaos vosotros _____al profesor.
2. Este_____es magnífico para cualquier persona.
3. He dicho que os pongáis _____a Juana.
4. Si no os colocáis _____a María no haré vuestro retrato.
5. A mí me importa mucho el _____en el que está situada mi casa.
6. Creo que el _____es fundamental para una buena educación.
7. _____ a Julia se pusieron sólo dos personas.
8. ¿Qué _____prefiere para la educación de su hija?

5. Escriba la opción correcta.

mediodía / medio día
1. ¿De verdad piensas que con _____bastará para terminar el trabajo?
2. A_____ estaré libre.
3. ¿Quedamos a _____para charlar?
4. Me ha dado _____de plazo, así que he de quedarme en la oficina hasta que termine.
5. Ya sé que _____es muy poco tiempo, pero no disponemos de más.
6. Si llego a _____ ¿me esperará?
7. Sí, si llegas a_____te estaré esperando.
8. Creo que el viaje dura casi _____.

6. Escribe la opción correcta.

porque / por que / porqué / por qué
1. Iré a tu fiesta _____tú me lo pides.
2. _____tú seas la más guapa no tienes derecho a despreciarnos a todas.
3. ¿_____no ha venido Amelia a la fiesta?
4. El_____no es tan importante como tú crees.
5. La mujer _____ lucho merece mucho la pena, créeme.
6. ¿_____siempre llegas tarde.

7. Si llego tarde no es _____a mí me guste, ¿sabes?, es_____no puedo evitarlo.
8. Dame un solo_____que sea verdaderamente importante y retiraré mis reproches hacia ti.
9. Siempre hace lo que quiere_____quiere.
10. Ésa fue la única razón _____María ha sido disculpada.
11. ¿_____tu madre no va a buscarte nunca al colegio?
12. La vida hay que aprovecharla bien_____es muy corta.

7. Escribe la opción correcta.

quienquiera / quien quiera

1. _____que sea el que me ha amenazado tendrá que atenerse a las consecuencias.
2. Que venga a la excursión_____.
3. Que vaya a la fiesta_____.
4. _____que haya provocado esta situación será responsable del caos organizado.
5. Que salga a la pizarra_____responder a esta pregunta.
6. _____una buena nota tendrá que esforzarse mucho.
7. _____que haya robado el abrigo de Ana será castigado.
8. Que lo diga_____.

8. Escriba la opción correcta.

1. ¡Pero ésta es una lista (sin fin / sinfín)_____!
2. Dime ahora mismo (adónde / a donde)_____vas.
3. Quiero que os pongáis todos (al rededor / alrededor) _____de Natalia.
4. _____(conque / con que) éstas tenemos, ¿no?
5. Prefiero las natillas (sinsabor / sin sabor)_____a vainilla.
6. Tú eres un (sin vergüenza / sinvergüenza)_____.
7. Sé que éste y no otro es mi (si no / sino)_____.
8. _____(si no / sino) te portas como es debido no te compraré más caramelos.
9. Marta es una persona (sinvergüenza / sin vergüenza)_____ y sin sentido del ridículo.

10. La pancarta de bienvenida (conque / con que) _____me recibiste la tiene Ignacio.

11. ¿_____(adónde / adonde) te crees que vas?

12. Los _____(demás / de más) no tenemos caramelos.

13. Los que hayáis suspendido poneos (aparte / a parte) _____.

14. Aquello perjudicó (aparte / a parte)_____de los trabajadores.

15. Siempre está juzgándose (así mismo / a sí mismo) _____.

16. Esos expedientes aún están (sinnúmero / sin número) _____.

17. El (entorno / en torno)_____es importante, pero tampoco creo yo que lo sea todo.

18. ¿_____(porqué / por qué) la profesora os manda tantos deberes?

19. Ya no quiero saber el _____(porqué / por qué) de tu mal comportamiento.

20. Te has puesto comida _____(demás / de más), ¿no te parece?

21. Lo has_____(malcriar / mal criar) desde que nació, así que ahora no te quejes.

22. Me he llevado el paraguas _____(porque / por que) estaba lloviendo mucho.

23. El lugar_____(adonde / a donde) voy es un lugar fantástico, donde la gente no es tan mala ni tan chismosa como aquí.

24. Quisiera tener un cuadro_____(conque / con que) decorar esta pared.

25. Lo hemos hecho _____(apropósito / a propósito).

26. Puedo darte un_____(sin número / sinnúmero) de razones.

Soluciones

1.

1. adonde
2. a donde
3. adonde
4. adónde
5. adonde
6. a donde
7. adonde
8. adonde

2.

1. conque
2. con que
3. con que
4. conque
5. conque
6. con que
7. conque
8. con que

3.

1. demás
2. de más
3. de más
4. demás
5. demás
6. demás
7. de más
8. de más

4.

1. en torno
2. entorno
3. en torno
4. en torno
5. entorno
6. entorno
7. en torno
8. entorno

5.

1. medio día
2. mediodía
3. mediodía
4. medio día
5. medio día
6. mediodía
7. mediodía
8. medio día

6.

1. porque
2. porque
3. por qué
4. porqué
5. por que
6. por qué
7. porque
8. porqué
9. porque
10. por que
11. por qué
12. porque

7.

1. quienquiera
2. quien quiera
3. quien quiera
4. quienquiera
5. quien quiera
6. quien quiera
7. quienquiera
8. quien quiera

8.

1. sin fin
2. adónde
3. alrededor / al rededor. Ambas son válidas pero es preferible la primera.

4. conque
5. sin sabor
6. sinvergüenza
7. sino
8. si no
9. sin vergüenza
10. con que
11. adónde
12. demás
13. aparte
14. a parte
15. a sí mismo
16. sin número
17. entorno
18. por qué
19. porqué
20. de más
21. malcriado
22. porque
23. adonde
24. con que
25. a propósito
26. sinnúmero

Capítulo X

Palabras 'problemáticas'

Ciertas palabras del español generan dudas en los hablantes a la hora de escribirlas, es decir que su ortografía presenta para algunos determinados problemas. Son muchas las que se podrían tratar en este capítulo, sin embargo sólo las más usadas y quizá también más 'problemáticas' tendrán cabida.

Estas palabras son las siguientes:

- Abasto
- Acción (y derivados), calefacción, instrucción, corrección, conducción
- -bs-
- Hay / ahí
- Inaugurar
- O sea
- Patena
- Pátina
- Reivindicar
- También
- Tan bien
- Tampoco
- Tan poco

1. Abasto

Siempre se escribe en una sola palabra: *abasto*, siendo incorrecto escribirla en dos: **a basto*, aunque sea frecuente esta última grafía.

Con tanto trabajo yo ya no doy abasto.

¿Cómo pretendes que dé abasto con toda la tarea que me has puesto y el poco tiempo que me has dado?

El pobrecillo ya no da más abasto, lleva tres meses encerrado estudiando y no ha aprobado.

Si diera abasto te prometo que lo haría, pero es imposible, ya no puedo más.

2. Acción (y derivados: transacción, putrefacción, extracción...), calefacción, instrucción, corrección, conducción

Estas palabras (y sus derivados) siempre se escriben con -*cc*-: *acción, transacción, putrefacción, extracción, calefacción, instrucción, corrección, conducción*...

No hace falta que digas nada, tu buena acción habla por ti.
¿Hiciste ya la transacción bancaria?
La congelación evita la putrefacción de los alimentos.
La extracción del quiste aliviará tu dolor.
¿Está puesta la calefacción?
Dame una sola instrucción más y no haré nada de lo que me has mandado.
La corrección ortográfica es fundamental.
La conducción temeraria acaba siempre llevándolo a uno a un accidente.

3. -bs-

En ciertas palabras, el grupo -*bs*- puede aparecer con la -*b*- y sin ella. Es más habitual actualmente que no aparezca, además de ser también preferible dicha omisión.

Las palabras en las que se produce lo expuesto son las siguientes:
oscuro, sustancia, sustraer, sustrato

Sin embargo existen otras que no pueden prescindir de tal *b*. Son las siguientes:
abstemio, abstenerse, abstraer, obstáculo, obstinar...

Prescindir de la *b* en estos últimos casos señalados (*abstemio, abstenerse*...) es incorrecto.

4. Encinta

Siempre se escribe junta: *encinta* ('embarazada').

Juana está encinta, ¿sabes?
Acabo de hacerme la prueba y ha resultado que efectivamente estoy encinta.
Creía que a estas alturas de mi vida sería imposible quedarme encinta.

5. Hay / ahí

Aunque estas dos palabras no deberían pronunciarse igual, pues *hay* no lleva tilde y su acento recae sobre la *a*, y *ahí* lleva tilde en la *í*, sucede que algunos hablantes pronuncian ambas palabras de la misma forma. Es incorrecto, pues son diferentes en su acentuación, mas el hecho de que algunos lo hagan da lugar a ciertas dudas. Por esta razón se explica a continuación lo que significa cada una de ellas.

- *Hay*: verbo haber.

  ¿Hay patatas en casa?
  ¿Hay gente en la fiesta?
  ¿Hay hombres en la piscina?

- *Ahí*: adverbio de lugar.

  Pon las cosas ahí.
  Deja los libros ahí.
  Ahí es donde tienes que quedarte.

6. Inaugurar

Esta palabra tiene una *u* entre *a* y *g*: *inaugurar*, y no podemos suprimirla aun cuando haya ocasiones en las que esa *u* se pierda al pronunciar el verbo inaugurar o cualquiera de sus formas y derivados.

Inauguró Juan la exposición.
¿Iréis a la inauguración de mi tienda?
Inauguraremos el restaurante el mes que viene.
Estoy muy nervioso porque mañana inauguro el bar.
La fiesta de inauguración fue un éxito.

7. O sea

Nunca debe escribirse como una sola palabra. Son dos: *o sea.*
O sea que fue Juan quien te invitó, ¿no?
O sea que tú crees en mí, ¿no?

8. Patena

Patena: 'Platillo de oro o de otro metal, dorado, en el cual se pone la hostia en la misa desde acabado el paternóster hasta el momento de consumir. || Lámina o medalla grande con una imagen esculpida, que se pone al pecho y la usan para adorno las labradoras. || Muy limpio'.

No debe confundirse esta palabra con *pátina* o *patina,* las cuales se explican a continuación.

9. Pátina

Pátina: 'Especie de barniz duro, de color aceitunado y reluciente, que por la acción de la humedad se forma en los objetos antiguos de bronce. || Tono sentado y suave que da el tiempo a las pinturas al óleo y a otros objetos antiguos. || Ese mismo tono obtenido artificialmente. || Carácter indefinido que con el tiempo adquieren ciertas cosas'.

El error ortográfico que se comete a veces en esta palabra es pronunciarla o escribirla sin la obligada tilde sobra la primera a: *pátina*.

Incorrecto:
patina
Correcto:
pátina

10. Reivindicar

Este verbo y todas sus formas y derivados no tiene una *n* entre la primera *i* y la *v*, luego la grafía **reinvindicar* es absolutamente incorrecta.

Lo correcto tanto al hablar como al escribir es *reivindicar*.
Reivindicaron sus derechos.
Es necesario hacer una reivindicación.

11. También

Esta palabra debe llevar siempre una *m* ante la *b*, algo ya explicado en la ortografía de las letras. No obstante, no es del todo inusual encontrar **tanbién*, y es que, al pronunciar esta palabra, muchas veces es difícil diferenciar el sonido *m* que obligatoriamente lleva.

Yo también quiero ir al cine.
Mónica me ha dicho que Juan y Pablo también vendrán a la cena de Montse.
Yo también he sido joven, ¿sabes?
También tú llegarás a mi edad, no creas que siempre vas a ser una niña.

12. Tan bien

Debe escribirse en dos palabras y no debe confundirse con la palabra también.

¡Se está tan bien aquí!
¿Tú crees que Pepa estará tan bien como nosotras?
Ojalá la ropa me quedara a mí tan bien como te queda a ti.

13. Tampoco

Como *también*, esta palabra lleva siempre *m* antes de *p*: *tampoco*.

Tampoco has comido carne, ¿es que quieres morirte de hambre?

Ellas no vendrán tampoco.

Tampoco me he portado tan mal, ¿no?

14. Tan poco

Siempre se escribe en dos palabras. No debe confundirse con *tampoco*.

Comes tan poco que pareces un pajarito.

¿De verdad que has tardado tan poco tiempo en llegar hasta aquí?

Hizo el examen en tan poco tiempo que pensé que no aprobaría.

Ejercicios

1. **En las siguientes oraciones hay algunos errores. Corríjalos.**

    1. Ya sé que no lo he hecho muy bien, pero tanpoco es para que te pongas así conmigo.

    2. Comes tam poco que a veces pienso que estás enfermo.

    3. ¿Osea que has sido tú quien ha robado el abrigo de esa señora?

    4. Puede que Julia tanbién venga con nosotros al cine.

    5. Estoy agotado, no doy a basto.

    6. Todo te sale siempre tam bien que a veces uno siente envidia, pero envidia sana, claro.

    7. Puede que venga mañana pero no lo sé seguro, osea que habrá que esperar a ver qué pasa.

    8. ¿Tanbién tú has decidido dejar de fumar?

    9. Tanpoco es que me importe demasiado, pero algo me importa.

    10. Desde hace algún tiempo yo ya no doy a basto.

    11. ¿Sabías que la vecina de mi madre se ha quedado en cinta?

    12. Sí, lo sabía, pero la verdad es que tanpoco me sorprende mucho.

    13. Entonces tanpoco te sorprenderá saber que dicen que tú tanbién estás en cinta, osea que puede que lo de la vecina de mi madre sea un simple chisme incierto y malicioso.

    14. Pues no darán a basto con tanto chismorreo, ¿no crees?

    15. Bueno, mujer, tanpoco te lo tomes tan a pecho.

    16. Tus aciones hablan por ti.

    17. ¿Has hecho ya la transación que tenías que hacer?

    18. La condución de los jóvenes es a veces peligrosa, porque muchos de ellos conducen bebidos.

    19. La última instrución que me dio no tenía ningún sentido.

Soluciones

1.

1. Ya sé que no lo he hecho muy bien, pero tampoco es para que te pongas así conmigo.

2. Comes tan poco que a veces pienso que estás enfermo.

3. ¿O sea que has sido tú quien ha robado el abrigo de esa señora?

4. Puede que Julia también venga con nosotros al cine.

5. Estoy agotado, no doy abasto.

6. Todo te sale siempre tan bien que a veces uno siente envidia, pero envidia sana, claro.

7. Puede que venga mañana pero no lo sé seguro, o sea que habrá que esperar a ver qué pasa.

8. ¿También tú has decidido dejar de fumar?

9. Tampoco es que me importe demasiado, pero algo me importa.

10. Desde hace algún tiempo yo ya no doy abasto.

11. ¿Sabías que la vecina de mi madre se ha quedado encinta?

12. Sí, lo sabía, pero la verdad es que tampoco me sorprende mucho.

13. Entonces tampoco te sorprenderá saber que dicen que tú también estás encinta, o sea que puede que lo de la vecina de mi madre sea un simple chisme incierto y malicioso.

14. Pues no darán abasto con tanto chismorreo, ¿no crees?

15. Bueno, mujer, tampoco te lo tomes tan a pecho.

16. Tus acciones hablan por ti.

17. ¿Has hecho ya la transacción que tenías que hacer?

18. La conducción de los jóvenes es a veces peligrosa, porque muchos de ellos conducen bebidos.

19. La última instrucción que me dio no tenía ningún sentido.

Capítulo XI

La escritura de los numerales

1. Los numerales

Los numerales pueden ser:

• Ordinales

primero/a (1.º/1.ª), segundo/a (2.º/2.ª), tercero/a (3.º/3.ª), cuarto/a (4.º/4.ª), quinto/a (5.º/5.ª), sexto/a (6.º/6.ª), séptimo/a (7.º/7.ª), octavo/a (8.º/8.ª), noveno/a (9.º/9.ª), décimo/a (10.º/10.ª)...

• Cardinales

uno/una, dos, tres, cuatro, cinco, seis, siete, ocho, nueve, diez, once, doce, trece, catorce, quince, dieciséis, diecisiete...

• Multiplicativos

doble, triple...

• Partitivos

medio (1/2), tercio (1/3), cuarto (1/4), quinto (1/5)...

2. Los ordinales

Los numerales ordinales, tal y como hemos visto en el apartado anterior, expresan género: masculino (primero) y femenino (primera). Dependerá de a lo que se refiera (si es pronombre) o de a quien acompañe (si es determinante).

Si es pronombre no acompañará a ninguna palabra:

Yo fui el primero / la primera en llegar a la meta.

Si es determinante acompañará obligatoriamente a un sustantivo:

Yo fui la primera mujer que viajó en avión.

En el primer ejemplo, primero/a no acompaña a palabra alguna, mientras que en el segundo acompaña a mujer.

Ciñámonos ahora a la escritura de los numerales.

Del primero/a al vigésimo/a deben escribirse todos los ordinales en una única palabra.

Ordinales	Ejemplos
Primer	He sido el primer hombre en dar la vuelta al mundo.
Primera	Yo he ganado esa carrera, porque llegué a la meta la primera.
Primero	Él ha sido el primero en pedir un aumento de sueldo.
Segunda	¿Quién fue la segunda en la lista de aprobados?
Segundo	El segundo hombre que viajó hasta México en bicicleta era mi primo.
Tercer	Ha salido ya el tercer avión.
Tercera	La tercera vez que te dije que vinieras ni siquiera me respondiste.
Tercero	El tercero en llegar a casa fuiste tú.
Cuarta	La oficina de Sancho está en la cuarta planta.
Cuarto	Subiré andando por las escaleras hasta el cuarto piso, luego tomaré el ascensor.
Quinta	Es la quinta vez que te mando callar.
Quinto	Vivo en el quinto.
Sexta	En la lista de mi clase yo soy la sexta.
Sexto	Llegó en sexto lugar.
Séptima	¿No te molesta haber sido la séptima?
Séptimo	Estoy en el séptimo mes de embarazo.
Octava	La octava puerta a la derecha es el aseo.
Octavo	Me han dicho que soy el octavo, o sea hay siete personas delante de mí.
Novena	¿Dices que soy la novena mujer en la lista de mujeres sospechosas?
Noveno/nono	El noveno piso es el mejor porque tiene una terraza inmensa.
Décima	De acuerdo, si así lo queréis yo seré la décima.
Décimo	El décimo fue Joaquín, yo quedé la tercera.
Undécimo	Es el undécimo mitin que da.

Undécima	*Es la undécima conferencia que da este mes.*
Duodécimo	*Esa casa tiene trece pisos y yo vivo en el duodécimo.*
Duodécima	*La duodécima planta es la mejor de todas las plantas de este edificio.*
Decimotercera	*Se cree que me importa haber quedado la decimotercera.*
Decimotercero	*Él sí que ha quedado mal, pues eran trece y él ha quedado el decimotercero.*
Decimocuarta	*Es la decimocuarta vez que te digo que te vayas a la cama.*
Decimocuarto	*Es el decimocuarto libro que ha escrito.*
Decimoquinta	*Voy a la decimoquinta planta.*
Decimoquinto	*Voy al decimoquinto piso.*
Decimosexta	*Ésta es la decimosexta edición de su novela.*
Decimosexto	*Ha sido seleccionado y ocupa el decimosexto lugar en la lista.*
Decimoséptima	*Es la decimoséptima pastilla que te tomas hoy.*
Decimoséptimo	*Es el decimoséptimo vaso de agua que bebo esta mañana.*
Decimoctava	*La decimoctava casa que se construyó en esta urbanización acabó cayéndose.*
Decimoctavo	*Es el decimoctavo programa que ves hoy en la televisión.*
Decimonovena	*La decimonovena novia que tuve fue la definitiva.*
Decimonoveno /nono	*Es su decimonoveno trabajo.*
Vigésima	*La vigésima planta es la última del edificio.*
Vigésimo	*El vigésimo piso está demasiado alto para mi gusto.*

A partir del vigésimo/a los ordinales se escriben en dos palabras.

Ordinales	*Ejemplos*
Vigésima primera	*Ha sido la vigésima primera en la lista de aprobados.*
Vigésimo primero	*Yo prefiero ser el vigésimo primero que el trigésimo.*

Vigésima segunda	*Es la vigésima segunda vez que suspendo el examen de conducir.*
Vigésimo segundo	*Para mí no es humillante ser el vigésimo segundo.*
Vigésima tercera	*Es la vigésima tercera ciruela que te comes en una tarde.*
Vigésimo tercero	*Es el vigésimo tercero caramelo que te doy.*
Vigésima cuarta	*Eres la vigésima cuarta novia que tengo, ¿qué te parece?*
Vigésimo cuarto	*Eres el vigésimo cuarto novio que tengo, ¿qué te parece?*
Vigésima quinta	*Es la vigésima quinta vez que leo 'El Quijote'.*
Vigésimo quinto	*Es el vigésimo quinto libro que leo este año.*
Vigésimo sexta	*Es una mentirosa, dice que soy su vigésima sexta esposa.*
Vigésimo sexto	*Es imposible que sea su vigésimo sexto hijo.*
Vigésima séptima	*Es la vigésima séptima vez que me encuentro contigo hoy.*
Vigésimo séptimo	*Es el vigésimo séptimo encuentro que tenemos.*
Vigésima octava	*La vigésima octava reunión fue la peor y la última.*
Vigésimo octavo	*De verdad, soy su vigésimo octavo hijo.*
Vigésima novena	*Se lo dije en nuestra vigésima novena cita.*
Vigésimo noveno/ nono	*Es nuestro vigésimo noveno hijo.*

Como ha podido comprobarse en la tabla de los ordinales, hay variación de género en las dos palabras: vigésimo primero / vigésima primera. Depende pues de la palabra a la que acompañe o de la palabra a la que se refiera, pues ha de concordar con ella.

Hay que evitar este error: *Llegué la *vigésimo segunda.*

Lo correcto es:

Llegué la vigésima segunda.

También ha de concordar el numeral en número. Así, si es el numeral es singular se escribirá como todos los ejemplos vistos en la tabla. Si, en cambio, el numeral es plural se escribirá de la siguiente manera:

Hemos sido los decimocuartos en llegar.
No me importa que hayamos sido los primeros en marcharnos.

Haber sido las segundas en verte no es algo que nos importe demasiado.

Cuando se escriben los ordinales en forma numérica, la letra volada que los acompaña ha de reflejar el género y el número:

1.º - primero
2.ª - segunda
3.ᵒˢ - terceros
3.ᵃˢ - terceras

A partir del vigésimo primero (21.º) los ordinales se escriben en dos palabras, salvo los números 30.º, 40.º, 50.º, 60.º, etc. Los restantes se forman como los vistos en la tabla que mostraba desde el vigésimo primero hasta el vigésimo noveno.

En la siguiente lista se recogen los números ordinales cuya escritura puede suscitar dudas.

trigésimo/a - 30.º / 30.ª (los restantes son como los vistos, es decir añadiendo primero, segundo, tercero.., pero siempre respetando la escritura en dos palabras: trigésimo/a primero/a, trigésimo/a segundo/a, etc.)

cuadragésimo/a - 40.º/ 40.ª (cuadragésimo/a primero/a, cuadragésimo/a segundo/a...)

quincuagésimo - 50.º / 50.ª

sexagésimo/a - 60.º / 60.ª

septuagésimo/a - 70.º / 70.ª

octogésimo/a - 80.º / 80.ª

nonagésimo/a - 90.º / 90.ª

centésimo/a - 100.º / 100.ª

duocéntesimo/a - 200.º / 200.ª

tricentésimo/a - 300.º / 300.ª

cuadringentésimo/a - 400.º / 400.ª

quingentésimo/a - 500.º / 500.ª

sexcentésimo/a - 600.º / 600.ª

septingentésimo/a - 700.º / 700.ª

octingentésimo/a - 800.º / 800.ª

noningentésimo/a - 900.º / 900.ª

milésimo/a - 1000.º / 1000.ª

dosmilésimo - 2000.º / 2000.ª

milésimo/a centésimo/a - 1100.º / 1100.ª

milésimo/a quincuagésimo/a - 1500.º / 1500.ª
millonésimo - 1 000 000.º / 1 000 000.ª

3. Los cardinales

Todos los cardinales comprendidos entre uno y treinta se escriben en una palabra:

veintiuno
veintidós
veintitrés
veinticuatro
veinticinco
veintiséis
veintisiete
veintiocho
veintinueve

Salvo cuatro números que pueden escribirse en una o en dos palabras. Son los siguientes:

dieciséis	*diez y seis*
diecisiete	*diez y siete*
dieciocho	*diez y ocho*
diecinueve	*diez y nueve*

A partir del número treinta y uno se escriben en dos palabras.

treinta y dos
cuarenta y tres
cincuenta y cuatro
sesenta y cinco
setenta y seis
ochenta y siete
noventa y ocho
noventa y nueve

Salvo los múltiplos de diez que se escriben en una palabra:
cuarenta, cincuenta, sesenta, setenta, ochenta, noventa, cien, doscientos, trescientos, cuatrocientos, quinientos, seiscientos, setecientos, ochocientos, novecientos, mil
Del cien al mil se escriben poniendo primero las centenas (ciento).

ciento uno
doscientos veintiocho
trescientos treinta y nueve
cuatrocientos noventa
quinientos ochenta y cuatro
novecientos cuarenta y dos

Los múltiplos de cien, tal y como se ve en los ejemplos anteriores, se escriben en una palabra:

cien
doscientos/as
trescientos/as
cuatrocientos/as
quinientos/as
seiscientos/as
setecientos/as
ochocientos/as
novecientos/as

A partir de mil y hasta un millón se escriben los múltiplos de mil en dos palabras.

dos mil
cinco mil
seis mil
siete mil
diez mil
veinte mil
treinta mil
cuarenta mil
cincuenta mil
sesenta mil
ochenta mil
noventa mil
cien mil
doscientos mil
ochocientos mil

Los números restantes se escriben así:

mil ciento cincuenta y tres
dos mil seiscientos ochenta y cuatro

211

tres mil doscientos
cuatro mil cien
cinco mil quinientos veinticuatro
seis mil seis

Millón y billón se forman igual que los números comprendidos entre mil y un millón.

tres millones doscientos treinta y cuatro mil
cuatro millones cuatrocientos diez mil
cinco millones seiscientas noventa y dos mil
dos billones trescientos treinta y tres millones

4. Los partitivos

Estos números se escriben como los ordinales entre el cuarto y el décimo:
1/2: medio
1/3: tercio
1/4: cuarto
1/5: quinto
1/6: sexto
1/7: séptimo
1/8: octavo
1/9: noveno
1/10: décimo

Tomaré media tarta.
Te di un tercio de lo que ganamos.
Sólo quiero la tercera parte de esa tarta.
Necesitaré la cuarta parte de todo el dinero.

A partir del onceavo se escribirán así:
onceavo
doceavo
treceavo
catorceavo
quinceavo
dieciseisavo
diecisieteavo
dieciochoavo

diecinueveavo
veinteavo
treintavo
cuarentavo
cincuentavo
sesentavo
setentavo
ochentavo
noventavo
centavo / céntimo

5. Los multiplicativos

No hay una denominación propia y específica para todos los multiplicativos, pero sí para algunos:
doble / duplo
triple
cuádruple / cuádruplo
quíntuple / quíntuplo
séxtuplo
séptuplo
óctuple / óctuplo
décuplo
céntuplo

Los multiplicativos que no tienen una denominación específica se forman así:

Hemos ganado veinte veces más dinero que tú.
Mi hijo es treinta veces más listo que el tuyo.
Formación que se puede usar aun cuando exista el multiplicativo específico.

Ejercicios

1. Ponga el numeral que falta en cada caso.

dos, doble, medio, vigésima segunda

1. Te has comido ya_____platos de carne.
2. Quedó la_____de las treinta personas que participaron en la carrera.
3. Por no comerte el pescado, en la cena te pondré el _____.
4. Sólo quiero_____caramelo.

2. Corrija los errores.

1. Voy a la doceava planta.
2. No me importado haber llegado el tres, porque éramos muchos y ser el tres entre tantos es un verdadero honor para mí.
3. Quiero la decimotercera parte del dinero recaudado.
4. Llegaré la uno.
5. Vivo en el veinteavo piso.
6. Fui la vigésimo primera en llegar a la meta.
7. El número tres cientos me da mucha suerte.
8. ¿Dices que tiene seis cientos millones de pesetas?
9. Es la treceava vez que te digo que no pises el suelo, que lo acabo de fregar.

Soluciones

1.

1. dos
2. vigésima segunda
3. doble
4. medio

2.

1. Voy a la duodécima planta.
2. No me importado haber llegado el tercero, porque éramos muchos y ser el tercero entre tantos es un verdadero honor para mí.
3. Quiero la treceava parte del dinero recaudado.
4. Llegaré la primera.
5. Vivo en el vigésimo piso.
6. Fui la vigésima primera en llegar a la meta.
7. El número trescientos me da mucha suerte.
8. ¿Dices que tiene seiscientos millones de pesetas?
9. Es la decimotercera vez que te digo que no pises el suelo, que lo acabo de fregar.

Capítulo XII

Los números romanos

1. Los números romanos

Los números romanos, como se explicó en el capítulo dedicado al uso de las mayúsculas, deben ir siempre en letras mayúsculas.

siglo XV
tomo III
capítulo XX
Juan II

El problema de estos números es que llegados a cierta cifra no resultan tan sencillos.

Por esta razón se explica en este capítulo cómo se escriben y se forman los números romanos.

2. Cómo se escriben los números romanos

Antes de proceder a la explicación debemos saber qué número es cada letra de los números romanos:

I: 1
V: 5
X: 10

Existen otros números romanos que iremos viendo a lo largo del capítulo; de momento éstos son los que vamos a emplear.

No se pueden escribir cuatro letras seguidas iguales. Así, en el siguiente ejemplo: *XXXX (40), la escritura es incorrecta por ser cuatro las letras iguales escritas seguidas. Lo correcto en este caso sería: XL.

El número máximo de letras iguales seguidas que pueden escribirse son tres.

XXX: 30
III: 3

Se suman los números correspondientes X + X + X (10 + 10 + 10) y el resultado de la suma es el número representado por las letras que son los números romanos, en este caso 30.

En el segundo ejemplo, I es 1, por lo tanto III es la suma de I+I+I (1+1+1); en consecuencia III es 3.

Cuando se escribe a la izquierda una cifra menor que la escrita a la derecha, la menor, o sea la de la izquierda, ha de restarse.

IV: a la derecha, V (5)
a la izquierda, I (4)

Por lo tanto, la letra de la izquierda es menor que la de la derecha, así que ha de restarse: V (5) – I (1) = 4

IX: a la derecha, X (10)
a la izquierda, I (1)
Resta: X (10) – I (1) = 9

Si son más de dos letras el mecanismo sigue siendo el mismo.

XIX resta: X (10) – I (1) = 9
suma primera letra y resultado de la resta: X (10) + 9 = 19

XIV: V(5) – I (1) = 4
X (10) + 4 = 14

XXIV: V – I = 4
XX (20) + 4 = 24

La escritura de una raya horizontal sobre el número romano en cuestión significa que hay que añadir mil.

$\overline{XIX}$: *diecinueve mil*
$\overline{VI}$: *seis mil*
$\overline{XXX}$: *treinta mil*

3. Lista de números romanos y su equivalencia

3.1. *Del uno al treinta*

I	1
II	2

III	3
IV	4
V	5
VI	6
VII	7
VIII	8
IX	9
X	10
XI	11
XII	12
XIII	13
XIV	14
XV	15
XVI	16
XVII	17
XVIII	18
XIX	19
XX	20
XXI	21
XXII	22
XXIII	23
XXIV	24
XXV	25
XXVI	26
XXVII	27
XXVIII	28
XXIX	29
XXX	30

Como puede verse, el mecanismo es siempre el mismo; es decir que hasta el número XXX (30) se usan las mismas letras: I, V, X, sumándose y restándose según convenga.

Así, por ejemplo, si diez es X el veinte será XX, es decir, la suma de las dos X (10).

XV es 15, porque X es 10 y V es 5 y su suma es 15.

XXV será 25 pues X: 10 y V: 5 (10 + 10 + 5 = 25).

3.2. *Del treinta al cuarenta*

XXX	30
XXXI	31

XXXII	32
XXXIII	33
XXXIV	34
XXXV	35
XXXVI	36
XXXVII	37
XXXVIII	38
XXXIX	39
XL	40

Siguen pues formándose los números romanos de la misma manera. Observe el lector que se suma a la cifra que indica 30 (XXX) las cifras correspondientes equivalentes a las vistas en la lista del uno al diez.

XXX + I = XXXI (31)
XXX + IX = XXXIX (39)

3.3. *Del cuarenta al ochenta*

Del cuarenta (XL) al cincuenta se procede de la misma manera, es decir, sumando los números romanos del uno al diez.

Lo único que ha cambiado es que una nueva letra ha aparecido: L. Simplemente hay que saber que esta L es el número 50. Al ser mayor que la cifra que está a su izquierda habrá que restar:

XL: 50 (L) – 10 (X) = 40

Los restantes números, como ya se ha explicado, se forman añadiendo los números romanos entre uno y diez.

XLI	*41*
XLII	*42*
XLIII	*43*
XLIV	*44*
XLV	*45*

La formación es igual; simplemente se suma a la nueva cifra XL (40) un número:

40 (XL) + 1 (I) = 41
40 (XL) + 5 (V) = 45

Y así se formarán todos los números.

L	50
LX	60

| LXX | 70 |
| LXXX | 80 |

3.4. *Del noventa al trescientos*

En el número noventa (XC) aparece una nueva letra: la C, que es el número 100. Se le resta 10 (X) y tenemos el 100.

Del noventa al cien se formarán los números como hasta ahora.

XCI	91
XCIII	93
XCIV	94
XCVII	97

Del número cien (C) hasta el doscientos (CC) la formación es igual, pero ahora hay que añadir no sólo del uno al diez sino hasta el noventa y nueve.

CI	101
CX	110
CXX	120
CXXX	130
CXL	140
CL	150
CLX	160
CLXX	170
CLXXX	180
CXC	190
CC	200

Del doscientos (CC) al trescientos (CCC) la formación es como la mostrada en el número cien (C).

CCI	201
CCX	210
CCXX	220

3.5. *Del cuatrocientos al novecientos*

En el cuatrocientos (CD) aparece una nueva letra: la D, que es el número 500. Restamos la cifra que tiene a su izquierda: C, y tenemos 400.

Por lo demás. se forma como hemos visto en los apartados anteriores.

CDI	401
CDX	410
CDL	450
D	500
DC	600
DCC	700
DCCC	800

3.6. *Del novecientos al mil*

Se forma el número novecientos con una nueva letra: M, que es 1000. Por tanto el 900 es así: CM.

M (1000) – C (100) = 900

Los demás números comprendidos entre novecientos y mil se forman como los anteriores.

CMI	901
CMX	910
CMXXX	930
CMXL	940
CML	950
CMLX	960
M	1000

3.7. *Del 2000 en adelante*

Como se explicó al comienzo del capítulo, para los números a partir de 2000 se añade una raya horizontal que es la que indica mil.

$\overline{II}$	2000
$\overline{III}$	3000
$\overline{IV}$	4000
$\overline{V}$	5000
$\overline{VI}$	6000
$\overline{VII}$	7000
$\overline{VIII}$	8000
$\overline{IX}$	9000

La raya horizontal sobre el número romano indica miles, por lo que se pondrá solamente sobre la cifra que indica miles; quiere decirse con esto que cuando, por ejemplo, se quiera expresar en números romanos la cifra 12 150, la raya horizontal sólo irá sobre las letras que indican miles, es decir, sobre 12: $\overline{XII}CL$

Ejercicios

1. Escriba el número que corresponda:

I
V
XX
C
D
LXI
DCCCX
CMII
MCIX
LVIII
XXXIX
XXVII
XXXVIII
XLIX
LXXXII
XCIII
CXLIV
CCXXXII
CDXXVI
DLXXXIX
DCXXXII
LXXV
XI

2. Escriba en números romanos los siguientes números:

23
908
102
45
7000
210
889
56
320
720
67
445
11
38
568
79
86
691
1000

Soluciones

1.

I	1
V	5
XX	20
C	100
D	500
LXI	61
DCCCX	810
CMII	902
MCIX	1109
LVIII	58
XXXIX	39
XXVII	27
XXXVIII	38
XLIX	49
LXXXII	82
XCIII	93
CXLIV	144
CCXXXII	232
CDXXVI	426
DLXXXIX	589
DCXXXII	632
LXXV	75
XI	11

2.

23	XXIII
908	CMVIII
102	CII
45	XLV
7000	VII
210	CCX
889	DCCCLXXXIX
56	LVI
320	CCCXX
720	DCCXX
67	LXVII
445	CDXLV
11	XI
38	XXXVIII
568	DLXVIII
79	LXXIX
86	LXXXVI
691	DCXCI
1 000	M

Apéndice

Vocabulario ortográfico

Este vocabulario ortográfico reúne aquellas palabras cuya escritura no se puede saber siguiendo las pautas ortográficas, y también aquellas palabras que más dificultad ofrecen a la hora de su escritura aunque sí obedezcan a las normas de ortografía.

Se ordenan las palabras alfabéticamente pudiendo así resultar más sencillo para el lector.

1. A

Abacería: 'Tienda que vende comestibles'.
Abad (abadesa, abadía)
Abajo
Abanicar (abanico)
Abandonar
Abarcar
Abatir (abatido, abatimiento)
Abedul
Abeto
Abierto
Abochornar
Abogar (abogado/a, abogacía)
Abuelo
Acabar
Accésit: 'Premio secundario'.
Acceso
Acción
Accidente (accidental)
Accionar
Acepción
Acérrimo
Acoger (acogida/do)
Acogida
Acreedor/a
Acribillar
Acróbata
Activar
Actividad
Adherir
Adjetivar
Adjuntar (adjunta/o)
Adobar (adobo / adobada/o)
Agalla
Ágape
Agencia
Agilidad
Agravar
Agüero
Aguja
Agujero
Ahora
Ahorrar (ahorros)
Ahuecar
Ahuyentar
Alabar
Alba
Albañil
Albornoz
Alborotar (alboroto)

Alcohol (alcohólico/a, alcoholismo, alcoholizar, alcoholímetro)
Aleluya
Alfabeto (alfabetizar, alfabetización, analfabeto)
Álgebra
Alhaja
Aligerar
Aliviar (alivio, aliviada/o)
Allá
Allanar
Allí
Ambiente
Amnistía
Analogía
Ángel (angelical, angélico, arcángel)
Anhelar (anhelo)
Aniversario
Apabullar
Apoyar
Aprobar
Aprovechar
Aproximar
Árbol
Arriba
Arroba
Artillería
Atravesar
Atrever (atrevido/a, atrevimiento)
Atributo
Auge
Auxiliar
Avalar (aval)
Avanzar
Aventura (aventurera/o)
Avestruz
Avisar
Ayer
Ayudar (ayuda)
Ayunar (ayuno)
Ayuntamiento
Azabache
Ázimo

2. B

Recuerde que se escriben con *b*:

- Los verbos que acaban en *-bir* (escribir), salvo *hervir, vivir, servir*.
- Los verbos que acaban en *-buir* (*retribuir*).
- El pretérito imperfecto de los verbos de la 1.ª conjugación (*-ba, -bas, -ba, -bamos, -bais, -ban*). También el pretérito imperfecto del verbo *ir* (*iba, ibas, iba*...).
- *Deber, beber, caber, haber, saber* se escriben siempre con *b*.
- Ante otra consonante siempre se escribe *b*: *amable, obtuso, abrasar*...
- Siempre a final de sílaba o de palabra se escribe *b*: *Jacob, absolver, observar*...
- *Bibli-, bu-, bur-, bus-* se escriben con *b*: *biblioteca, buzo, bursátil, busca*...

- Las terminaciones *-bunda*, *-bundo* se escriben con *b*: *moribunda, moribundo*.
- El elemento *bio-* a principio o en cualquier otro lugar de la palabra se escribe con *b*.
- *Bien-* y *bene-* se escriben con *b*: *bienaventurado, beneficio...*
- Los prefijos *bi-*, *biz-*, *bis-* (dos) se escriben con *b*: *bipolar, biznieta...*

Baba (baboso/a)
Baca (del coche)
Bacalao
Bacteria
Bache
Bachillerato
Bahía
Bailar (baile, bailarín / bailarina)
Bajar
Baja/o
Balance
Balcón
Balneario
Balón
Balsa
Banco
Banda
Bandera
Bandolero
Banquero
Banquete
Bañar (baño, bañera)
Bar
Baraja
Barandilla
Barato
Barco (barca)
Barrio
Báscula
Base
Basílica

Bastante
Bastar
Batalla
Batería
Batir
Bautizar (bautismo, bautizo)
Beber
Belleza (bello / bella): 'Hermosura'.
Bendecir
Beneficiar (beneficio, beneficencia, beneficiado/a)
Besar (beso, besuqueo, besuquear)
Bestia
Biberón
Bicho
Boba/o
Boca
Bocado
Boina
Boletín
Bolso (bolsa, bolsillo)
Bomba
Bordar
Bonito
Borrar
Botar: 'Saltar'.
Bote
Boxear (boxeo, boxeador)
Boya: 'Cuerpo flotante sujeto al fondo del mar, de un lago, de un río, etc., que se coloca

como señal y para indicar un sitio peligroso o un objeto sumergido'.

Bueno/a

Buitre
Burro/a
Buscar (busca, búsqueda, buscón, buscona)

3. C

Recuerde que se escriben con *c*:
- Las palabras que contienen el sonido *z* (*cepillo, cena, cima...*), cuando precede a las vocales *e, i*: *cepo, ciruela*. Excepciones: *zéjel, zinc*.
- Las palabras que contienen el sonido *k* (*caramelo, comer...*). En estos casos la *c* precede a las vocales *a, o, u*: *cama, cosa, cuna*.

Cabalgar
Caballero
Caballo
Cabello (cabellera)
Caber
Cabeza
Cabra (cabrito, cabritilla)
Cadáver
Calabaza
Calavera
Calumniar (calumnia)
Calva
Calvo
Calvario
Callar
Calle
Camello
Caoba

Capilla
Carbón
Castellano/a
Castillo
Civil
Centollo
Cerveza (cervecería)
Ciempiés
Cirugía
Cirujano/a
Conservar
Convertir
Coyote
Cremallera
Cultivar (cultivo)
Cursillo
Curva
Cuyo/a

3. CH

Chabacano/a (chabacanería)

Chabola

4. D

Deber
Débil
Debilitar (debilidad)
Debutar (debutante)
Dehesa
Degenerar (degeneración, degenerado/a)
Deliberar (deliberación)
Desarrollar
Derribar
Detalle
Devorar

Devoto/a
Diligencia
Dirigir
Divagar
Divertir
Dividir
Divino
División
Divo/a
Divorciar (divorcio)
Divulgar

5. E

Ébano (ebanista, ebanistería)
Ebullición
Efervescencia (efervescente)
Elaborar (elaboración)
Elegir
Elevar
Elogiar
Ella
Ello
Encoger
Energía
Enhebrar
Entrevista
Enturbiar
Envainar
Envilecer
Envidia (envidiosa/o)
Equivocar (equivocación)
Erigir: 'Fundar, instituir o levantar'
Estorbar (estorbo)

Evangelio
Evangelizar
Evitar
Examinar
Excelencia
Excelente
Excepcional
Excesivo
Excursión
Excusar
Exigir
Expediente
Explicar
Exponer
Expresar
Extender
Exterior
Extrañar
Extraordinario
Extraviar
Extremo

6. F

Fábula

Facción

Fallecer

Favor

Favorecer

Fervor

Flexibilidad (flexible, flexión)

Frivolidad (frívola/o)

Folleto

Fuelle

Fútbol

7. G

Recuerde que se escriben con *g*:
- Las palabras que contienen el sonido de *gato, gama, gafas...* Si la *g* precede a *e, i* habrá que escribir una *u*, que no se pronuncia, entre la *g* y la vocal: *guerra, guiso*. Para que esta *u* se pronuncie habrá que escribir diéresis: *antigüedad*.
- Las palabras que contienen el sonido *j*, cuando la *g* precede a *e, i*: *gerente, gimnasia*.

Gabán

Gabardina

Gabinete

Gallina

Gallo

Garabatear (garabato)

Gatillo

Gaviota

Gemir (gemido)

Gendarme

Genealogía

Generación (generacional)

General

Generalizar

Género

Generoso

Genial

Genio

Gente

Germinar

Gestionar

Ginebra

Gigante

Gimnasia (gimnasta, gimnasio)

Girar (giro)

Gitana/o

Globo

Gobernador

Gobierno

Gravedad

Grillo

8. H

Recuerde que se escriben con *h*:
- Los verbos *hacer, haber, hallar, hablar, habitar*.
- Las palabras que comienzan por los diptongos *ia (hiato), ie (hiena), ue (huele), ui (huidizo)*.
- Las palabras que comienzan por *hecto-* (cien), *helio-* (sol), *hema-* (sangre), *hemi-* (medio), *hepta-* (siete), *hetero-* (otro), *hidra/o-* (agua), *hiper-* (superioridad), *hipo-* (inferioridad), *homo-* (igual).

Haba
Haber
Hábil (habilidoso, habilidad, hábilmente)
Habilitar
Habitación
Habitar (habitante)
Hábito
Habitual
Hablar (habla, hablantes, hablador, habladuría)
Hacendar (hacendado, hacendoso)
Hacer
Hacha (hachazo)
Hacia
Hacienda
Hacinamiento
Halcón
Hallar (hallazgo, hallado)
Hamaca
Hambre (hambriento, hambruna)
Hampa: 'Conjunto de maleantes que, unidos en una especie de sociedad, cometían robos y otros delitos, y usaban un lenguaje particular llamado jerizonga o germanía. || Vida de las gentes holgazanas y maleantes. || Submundo del delito'.

Hámster
Harén
Harina
Hartar (harto, hartazgo)
Hasta
Hastiar: 'Causar hastío'.
Hastío: 'Tedio'.
Haya: 'Árbol'.
Hazaña
Hazmerreír
Hebilla
Hechicera/o
Hechizar
Hecho (verbo hacer)
Hegemonía (hegemónico)
Helecho
Heno
Hepatitis
Heredar (heredera/o, herencia)
Herida
Hermanastro/a
Hermano/a
Hermosa/o
Hermosura
Hernia
Héroe (heroicidad, heroico, heroína, heroísmo)
Herpe
Herradura
Herramienta

Híbrido/a
Hidalgo/a (hidalguía)
Hierro
Hígado
Higo (higuera)
Hija/o
Hijastra/o
Hilar (hilandera)
Himno
Hincar
Hinchar
Histeria (histérica/o)
Historia (historiador/a)
Hocico
Hogar
Hoguera
Hoja
¡Hola! (saludo)
Holocausto
Hombre
Hombro
Homenaje
Homicidio
Hondo/a (hondura)
Honesto/a (honestidad)
Honor (honorífico/a)
Honrar (honra, honrado/a)
Hora (horario)

Horizontal
Horizonte
Hormiga
Horrible
Horror (horroroso, horrorizar)
Hortaliza
Hortelana/o
Hospedar (hospedaje)
Hospicio
Hospital
Hostal
Hostil
Hotel
Hoy
Hoyo
Hucha
Humano (humanidad, huma-
    nismo, humanitario)
Humedad (húmedo/a)
Húmero: 'Hueso'.
Humillar (humillación, humi-
    llado/a)
Humilde
Humo
Humor (humorístico/a)
Hundir
Huracán
Hurtar (hurto)

9. I

Ilegítima/o
Imagen
Imaginar (imaginación, imagi-
    nativa/o)
Imán
Imprevisto
Improvisar (improvisación)
Ímprobo/a

Individuo
Inevitable
Inexplicable
Inexplorable
Infligir
Ingeniar (ingeniosa/o, ingenio)
Ingeniero
Inhabilitar

Inhabitable
Innata/o
Innovar (innovación, innova-
    dor/a)
Inspección
Instrucción
Inteligencia (inteligente)
Intervenir (intervención, inter-
    ventor/a)
Intransferible

Invadir (invasión)
Inventar (invención)
Investigar (investigación, inves-
    tigador)
Invierno
Invitar (invitación)
Inyección
Irreverencia (irreverente)
Irrevocable

10. J

Recuerde que se escriben con *j*:
   • Las palabras que contienen dicho sonido, pudiendo ir ante
     cualquier vocal: *jabalí, jeringuilla, jilguero, jota, juglar*.
   • Al poder aparecer la *g* con el mismo sonido ante *e, i* se pro-
     ducen ciertas dudas, por lo que se pueden seguir las siguien-
     tes pautas:
       a) Las palabras acabadas en *-aje, -eje: garaje, hereje*.
       b) Las palabras acabadas en *-jería: cerrajería*.
       c) Los verbos acabados en *-jar: trabajar, trabajo, traba-
          jas, trabaja, trabajamos...*
       d) Los verbos terminados en *-jear: homenajear*.

Jarabe
Jefa/e
Jehová
Jerarquía
Joroba (jorobada/o)
Jorobar
Joven

Jovial (jovialidad)
Jubilar (jubilación, jubilada/o)
Júbilo
Jueves
Jurisdicción
Juventud

11. K

Kafkiano/a: 'Perteneciente o
    relativo a Frank Kafka o a su
    obra'.
Káiser: 'Título de los emperado-
    res de Alemania y Austria'.

Kamikaze: 'Persona que se
    juega la vida realizando una
    acción temeraria'.
Kantiano: 'Perteneciente o rela-
    tivo a Kant o a su obra. || Par-

tidario de la doctrina filosófica de Kant'.

Kantismo: 'Sistema filosófico de Kant'.

Kárate / Karate (ambas formas son correctas: con tilde o sin ella)

Karateka

Katiuska: 'Bota de material impermeable, de caña alta, para proteger del agua'.

Kéfir: 'Leche fermentada artificialmente'.

Kelvin: 'Unidad de temperatura del Sistema Internacional'.

Keniata: 'natural de Kenia'.

Kiko: 'Grano de maíz tostado'.

Kilo (kilogramo, kilocaloría, kilociclo, kilohercio, kilolitro, kilómetro, kilometraje, kilovatio, kilovoltio)

Kiwi

Krausismo: 'Sistema filosófico ideado por Krause'.

Krausista: 'Perteneciente o relativo al krausismo'.

Kung-fu: 'Arte marcial'.

Kurdo (también curdo)

Kuwaití

12. L

Laberinto
Labio
Labor
Laboratorio
Laboral
Lacayo
Ladrillo
Laringe
Laxante
Lección
Legendaria/o
Legislar (legislación, legislatura, legislador)
Legítima

Legitimidad
Legítimo/a
Levantar
Libélula
Libertad
Ligero
Liturgia
Liviana/o
Lobo/a (lobezno)
Lógico (lógicamente)
Longitud
Lubina
Luxación: 'Dislocación'.

13. LL

Recuerde que se escriben con ll:
  • Las palabras que terminan en -illa, -illo: mesilla, cigarrillo, pitillo, mantilla...
  • Los verbos que terminan en -ullar (apabullar), -ullir (mullir).

Llaga
Llamar (llamada, llamamiento, llamativa/o)
Llana/o (llanura)
Llave (llavero)
Llegar (llegada)

Llenar (lleno, llena)
Llevar
Llorar (lloriquear, lloriqueo, llorón/a)
Llover (llovizna, llovizna)
Lluvia

14. M

Recuerde que:
• Antes de *p* y *b* siempre se escribe *m: amparar, campo, cambio, bombo, limbo, pompa, rampa...*

Magisterio
Magistrado
Malvender
Malversar
Manceba/o
Mandíbula
Maravillar (maravilla, maravillosa/o)
Margen
Marginar
Marxismo
Maxilar
Máxima
Máximo
Mayo
Mayor

Mayordomo
Mayoría
Medalla (medallón)
Medianoche
Meollo
Millar
Millón
Mohín
Moho
Motivar (motivación, motivo)
Movilizar
Movimiento
Mozárabe
Muelle
Mugir (mugido)
Murmullo

15. N

Recuerda que:
• Antes de *v* se escribe *n: enviar, envase, envoltorio, invitación, inverosímil...*

Nabo
Nave
Navidad
Nervio (nerviosa/o, nerviosismo)

Neuralgia
Nihilismo
Nochebuena
Nochevieja

Nonagenaria/o
Nostalgia
Novedad
Novel
Novela (novelista)
Noviembre

Novio/a (noviazgo)
Novicia/o
Novillo/a
Nube
Nublar (nublado)

16. O

Obelisco
Obertura
Obesa/o
Obispo
Observar (observación, observador/a)
Occidente (occidental)
Occipucio
Olvidar
Olla
Omóplato
Orgullo (orgullosa/o)
Origen

Original
Orilla
Ortodoxia
Ovación
Óvalo
Ovario
Oveja
Ovillo
Óvulo
Oxidar
Óxido
Oxigenar (oxígeno)

17. P

Pabellón
Paella
Página
Pandilla
Panegírico/a: 'Discurso o sermón en alabanza de alguien'.
Pantalla
Pantorrilla
Papilla
Parabién: 'Felicitación'.
Pararrayos
Patíbulo
Patrulla
Pavimentar (pavimento)
Pavonear

Pavor
Payaso
Pellejo
Pellizcar (pellizco)
Percebe
Perenne
Pesadilla
Pescadilla
Playa
Polvo
Portaaviones
Portavoz
Poseer
Poyo: 'Banco de piedra, yeso u otra materia, que ordinaria-

mente se fabrica arrimado a las paredes, junto a las puertas de las casas de campo, en los zaguanes y otras partes'.

Prevalecer
Prevaricar
Prevenir
Primaveral
Primogénita/o
Privar (privación, privada/o)
Privilegio (privilegiado)
Probeta
Producción
Progenie
Prohibir (prohibición)

Proteger
Protuberancia
Provecho
Provincia (provincial, provinciano/a)
Próximo/a (proximidad, próximamente)
Psicología (psicóloga/o, psicológico)
Psiquiatría (psiquiatra, psiquiátrico)
Pubertad
Pulverizar
Probar
Prueba

18. Q

Quehacer: 'Ocupación'.
Querella
Querubín: 'Cada uno de los espíritus celestes caracterizados por la plenitud de ciencia con que ven y contemplan la belleza divina'.
Quirúrgico

19. R

Recuerde que:
• La *rr* no puede aparecer nunca a principio de palabra: *rata, rabo, ruta, rueda, rojo, reflejo, ramo, robo*... Es la *r* simple la que aparece en su lugar.

Rábano
Rabiar (rabia, rabiosa/o)
Rabo
Rallar: 'Desmenuzar algo restregándolo con el rallador'. Ejemplo: Ralla el queso.
Rallador
Raya
Rayo
Reaccionar (reacción)

Rebajar
Rebeldía (rebelde)
Rebatir
Rebozar
Recoger
Redacción
Reflexionar (reflexión, reflexiva/o)
Régimen
Regimiento

Región
Regir
Regencia
Regente
Religión (religiosa/o)
Reservar
Reverendo
Revolución (revolucionaria/o)
Reivindicar
Renovar (renovación, renovador)

Revancha
Revés
Rígida/o
Rigidez
Rival
Rivalidad
Rivalizar
Robar
Rollo
Rubia/o
Rugir

20. S

Sábado
Sabana
Saber
Sabiduría
Sabia/o: 'Persona que sabe mucho'.
Sagitario
Salvaje
Salvavidas
Sándwich
Sargento
Satisfacción
Savia: 'Líquido que circula por los vasos de las plantas'.
Saya
Sayal
Sebo
Sección

Selva
Sellar (sello)
Semilla
Sencilla/o (sencillamente, sencillez)
Servicio
Servilleta
Servir (servidor/a, servicio)
Sexo (sexual)
Sibarita
Sierva/o
Sílaba
Sintaxis
Sobar
Soberano
Sollozar
Surgir
Suya/o, suyas/os

21. T

Taba
Tabaco (tabacalera)
Tábano
Taberna

Tabique
Taburete
Talla
Taller

Tallo
Tangible
Taquilla
Taxi
Textil
Texto (textual)
Tibia/o
Tiburón
Titubear
Todavía
Tomillo
Torbellino
Trabajar (trabajador/a)
Tracción

Tragedia (trágica/o, tragicomedia)
Través
Travesía
Traviesa/o
Trayecto
Trayectoria
Trébol
Tribu
Tribuna
Tribunal
Tubería
Tuya/o, tuyas/os

22. U

Ubicar (ubicación)
Ungir
Universal (universalidad)
Universidad (universitaria/o)

Universo
Urgente
Urgencia
Uva

23. V

Recuerde que se escriben con *v*:
- Las palabras que empiezan por *eva-: evasión, eve-: evento, evi-: evitar, evo-: evocar*. Excepción: *ébano*.
- Las palabras que empiezan por *vice-, vi-, viz* ('en lugar de'): *vicepresidente, virrey, vizconde*.
- Tras *ad-: advenedizo, sub-: subvencionar, ob-: obvio*.
- Los adjetivos que terminan en *-ava: esclava, -avo: esclavo, -eva: longeva, -evo: longevo, -eve: leve, -ivo: lascivo, -iva: lasciva*.
- Los verbos que acaban en *-olver: volver, devolver, revolver...*

Vaca (vacuna/o): 'Animal'.
Vacante
Vacación
Vaciar (vacío)

Valer
Vaga/o
Vagar
Vagabunda/o

Vaho
Vajilla
Vaivén
Valer
Valiente
Valor
Valla
Valle
Vanidad (vanidosa/o)
Vapor
Vara
Variar (variado, variedad)
Varias/os
Varilla
Varón
Vasalla/vasallo
Vecino
Vega
Veinte
Velar
Vello: 'Pelo corto y fino en algunas partes del cuerpo'.
Vencer (vencedor/a)
Vender
Venir
Venta
Ventaja
Ventana
Ventura
Verano
Verbal
Verbena
Verbo (verbal, verbosidad)
Verdad (verdaderamente, verdadera/o)
Verde
Verdura

Verruga
Verso
Vestigio
Vestir
Vez
Vía
Viajar (viaje, viajera/o)
Víbora
Victoria
Vida
Vidrio
Vieja/o
Vigente
Vigésima/o
Vigilar (vigilancia, vigilante)
Vil
Villancico
Vino
Violencia (violenta/o)
Violín (violinista)
Virgen
Virtud
Visitar (visita)
Viuda/o
Vivienda
Vivir
Vocación
Volar
Voluntad
Voluntaria/o
Vosotros/as
Votar (votación)
Voto
Voz
Vuelta
Vuestra/o, vuestras/os

24. W

Wagneriano
Washingtoniano/a
Waterpolo (waterpolista)
Web

Whiskería (güisquería)
Whisky (güisqui)
Windsurfista
Wolframio: 'Elemento químico'.

25. Y

Ya
Yacer
Yate
Yelmo: 'Parte de la armadura que resguardaba la cabeza y el rostro'.
Yema

Yerno/a
Yerro: 'Equivocación'.
Yeso
Yo
Yogur
Yugular
Yuxtaponer (yuxtaposición)

26. Z

Zen: 'Escuela budista que tiende a alcanzar la iluminación espiritual mediante técnicas que evitan los esquemas conceptuales'.

Zéjel
Zeta
Zigzag
Zinc (también cinc)
Zipizape

Índice analítico

Bibliografía

DICCIONARIO EVEREST, 1.ª edición, Madrid, 1974.

GILI GAYA, S.: *Ortografía práctica española,* 7.ª edición, Barcelona, 1976.

GÓMEZ TORREGO, L.: *Gramática didáctica del español,* 8.ª edición, Madrid, 2002.

GÓMEZ TORREGO, L.: *Ortografía de uso del español actual.* Madrid, 2000.

MARTÍNEZ DE SOUSA, J.: *Diccionario de usos y dudas del español actual,* 3.ª edición, Barcelona, 2001.

MESANZA LÓPEZ, J.: *Ortografía. Método individualizado y activo,* Madrid, 1991.

ONIEVA, A. J.: *Tratado de ortografía razonada,* 5.ª edición, Madrid, 1989.

REAL ACADEMIA ESPAÑOLA: *Diccionario de la lengua española,* 22.ª edición, Madrid, 2001.

REAL ACADEMIA ESPAÑOLA: *Ortografía de la lengua española,* Madrid, 1999.

SECO, M.: *Diccionario de dudas y dificultades de la lengua española,* 10.ª edición, Madrid, 1998.